Guido Ceronetti
Albergo Italia

Meine italienische Reise

Aus dem Italienischen
von Viktoria von Schirach und
Barbara Krohn

Carl Hanser Verlag

Das vorliegende Buch ist eine Auswahl aus zwei Bänden. *Un viaggio in Italia*, in Form eines Tagebuchs geschrieben, erschien 1983 bei Einaudi in Turin. Einzelne Texte von *Albergo Italia* wurden für die Turiner Tageszeitung »La Stampa« verfaßt und in veränderter Form in das 1985 ebenfalls bei Einaudi erschienene Buch aufgenommen. Die Auswahl folgt der Chronologie der beiden Originalausgaben.

1 2 3 4 5   97 96 95 94 93

ISBN 3-446-16261-5
© Giulio Einaudi editore, Turin 1983 und 1985
Alle Rechte der deutschen Ausgabe:
© Carl Hanser Verlag München Wien 1993
Satz: Fotosatz Reinhard Amann, Aichstetten
Druck und Bindung: Friedrich Pustet, Regensburg
Printed in Germany

Meine italienische Reise

Was ich von dieser Reise erzähle, kann gar nicht anders als wahr sein: eine Aneinanderreihung banaler Vorfälle und ziemlich bekannter Örtlichkeiten, bei der man Erfundenes sofort erkennen würde.

Man darf sich allerdings nicht wundern, wenn meine Reise in ihrem Spiegel jenes Bild von Italien meidet, das man gewöhnlich zu sehen glaubt; meine Ansammlung von geistigen Photographien und Urteilen, Collagen aus gesammelten Unreinheiten und Ungereimtheiten bildet, wie mir scheint, nur ein weiteres Rätsel, und als solches gebe ich es weiter; alles bleibt letztendlich offen, so wie ja wahres Entdecken immer auch etwas mit Verbergen zu tun hat.

Einen Teil Italiens und seiner Städte ins Scheinwerferlicht zu rücken war dabei nicht meine Absicht. Hätte ich das gewollt – das heutige Italien ist entsetzlich einförmig und langweilig –, dann hätte ich keinerlei Hoffnung, irgend jemanden dafür zu begeistern.

Die Person, die sich hier selbst auf ihrer Reise vorstellt, hat, wie das meist so ist, keine Hemmungen, sich als besser darzustellen, als sie in Wirklichkeit ist: sie möchte es durch das Wissen, das sie auf der Reise erwirbt, erst noch werden. Die ursprüngliche Absicht war dabei die einer Initiation, einer Pilgerfahrt ohne festgelegte Route unter dem Leitstern einer Idee Frithjof Schouns, nach der »die Abschaffung der Schönheit das Ende der Verständlichkeit der Welt bedeutet«, deren sich vervielfältigende und miteinander verflochtene Linien eine verborgene Hand Strich um Strich zu einer ungefähren Karte von Offenbarungen verbindet. An den Schießbuden schieße ich aus Freude am Schießen, nicht, um ins Schwarze zu treffen: ich hätte zwar nicht ungern getroffen, aber meistens hörte ich höchstens ein paar Glühbirnen zu Bruch gehen. Wenn die Schönheit erst einmal abgeschafft ist, wird die Welt zu einem Eisblock, der alles Wissen erstarren läßt; die Vernunft kann ihren Flug zwar fortsetzen, aber sie gebärt nur noch Ungeheuer, denn das Wissen ist gelähmt. Wir haben hier nichts mehr verloren, nichts gemein mit denen, die nach uns kommen; also reisen wir ab.

Die Leidenschaft für Italien, die so viele Klassiker mit dem allzeit beliebten Titel Italienische Reise bezeugen, ist zwar noch vorhanden, aber man muß sie zurechtbiegen, sie muß strenger, schmerzlicher, entrüsteter werden. Ihre Liebhaber müssen einander durch ein geheimes, untrügliches Leidensmal erkennen können. Und diese meine Italienische Reise soll nur dazu ermutigen, Italien unter den Gespenstern aufzuspüren, es mit frommem Sinn heraufzubeschwören, es von den Fälschungen, den Abgüssen zu unterscheiden, in aller Stille seinem Geplätscher zu lauschen.

Begibt man sich dann erst einmal ernsthaft auf die Suche, ohne Hast und Eile, dann entdeckt man, daß Italien ferner ist als die schöne Melusine, aber auch, daß Hartnäckigkeit und die Bereitschaft, einen hohen Preis zu bezahlen, dazu führen, daß man statt dessen ein Paar Fäuste zu spüren bekommt. Und so sehr war ich auf diese Fäuste gefaßt, daß ich einige Male, während ich im Spiegel mein entstelltes und leicht fiebriges Gesicht betrachtete, Melusine blitzartig vorbeihuschen sah, als wolle sie mit ihrer zarten Erscheinung mein Pech wiedergutmachen.

Einige Grad an Lebenslust, vielleicht sogar eine ganze Menge, habe ich eingebüßt auf diesen leichtfertigen Reisen: das ist ein weiteres Plus. Als ich sie plante, lag mir noch viel mehr an Italien: diese Verringerung der Anhänglichkeit (die meine Treue nur deutlicher macht) hat zu einer spürbaren Perfektionierung geführt, obwohl, wie ich weiß, leidenschaftliches Wolfsgeheul besser ankommen würde. Aber die Zeit der Lieder ohne Reime ist vorbei, wie auch die der unkeuschen Reue.

Der Kampf zwischen Gut und Böse findet überall dort

statt, wo ein Mensch ist, der denken kann: in Italien hat dieser Kampf – bedingt durch die Zartheit und Kraft zugleich der zuschlagenden Arme, die Melancholie und die Harmonie der Landschaft – immer auch die Schönheit mit einbezogen, hatte in ihr seine höchste, ausgleichende Macht – heute ist sie sein Opfer.

Sicherlich ist jedoch das Böse eine unendlich große und undurchdringliche Kraft, und ich spüre, wie es agiert, alles zu seinem eigenen Vorteil aus dem Gleichgewicht wirft, das Gerüst einstürzen läßt, an dem sich jemand bemüht, einen Sprung zu kitten, einen stürzenden Körper aufzufangen; und auch ich spüre, wie etwas näher kommt, das mich wachsam bleiben läßt, wo auch immer ich bin.

Monte di Varallo

Wer ein rein spirituelles Jerusalem sucht, der sollte das nicht hier unten tun, wo die Ängste der geißelnden Geschichte zusammenlaufen, denn das himmlische Jerusalem hat seine Stätten zeitlosen Friedens anderswo. Zum heiligen Monte di Varallo, wo das Neue Jerusalem liegt, dorthin sollst du, Pilger, kommen!

Das ist großes tragisches Barocktheater, mit Szenen von unermeßlichem Grauen und unendlichem Mitleid. Von einer Kapelle zur anderen gibt sich die Brutalität der Materie in ihrer ganzen Wucht zu erkennen; sie zertrampelt, zermalmt das Wort in der Gestalt Christi in einer Orgie von Nägeln, Tod und Grimassen: am Höhepunkt wird das Wort gezeigt (daß der Pilger an die Anastasis glaubt, wird als so gewiß vorausgesetzt, daß ihre Darstellung als überflüssig angesehen wird), in der dramatischen Darstellung des Heiligen Grabes. Über dem Säulengang steht geschrieben: »Dieser Ort gleicht in jeder Hinsicht dem Heiligen Grab von Jerusalem«, aber das ist nicht ganz richtig, denn dort haben wir es mit einem *topographischen* Heiligtum zu tun, dem der krankhafte Wahn des christlichen Dogmas, ein zeitloses Ereignis zu historisieren, die Flügel stutzt, während dem Heiligtum von Varallo die unfehlbare Reinheit und die gewaltige Übermenschlichkeit des Symbols innewohnt.

Die Zeit, die alle Farben bricht, die schabt, frißt, nagt, hat etwas von ihrem eigenen Drama auf die ausgestellten Wunden übertragen, bringt uns durch die vertrauten Nöte der Vergänglichkeit das erhabene Leiden des Lichts in den Wandelgängen der Finsternis näher.

Es sind keine stummen Statuen: sie schreien, rufen, seufzen, singen von der Bühne herab; die Tiere brüllen, heulen, bellen, verzweifelt und gierig nach Menschenfleisch; aus den Höhlen dringt das Quietschen von Zwingen, das Knirschen aus den Fabriken des Schmerzes ... Da eine beträchtliche Anzahl von Sadisten dort am Werk ist, macht die Lust, mit der sie die Unschuld zum Stöhnen bringen, aus diesem Gemetzel am Wort Gottes zugleich auch das Bild eines beliebigen Tages der gesamten Menschheit. Und der Regen in Valsesia nimmt kein Ende, um so die Schreie des Berges zu dämpfen, sie hinter einem Schild von Feuchtigkeit und Dampf fernzuhalten, seine Wunden mit den Ausläufern des Waldes zu schließen, die diese wunderlichen Höhlen beherbergen.

Vor der Kreuzigungshöhle, jener Liebkosung des Wunders, stammelt ein kaum zweijähriges Kind »Jesus – Kreuz – böse«, zur Verwunderung von drei oder vier Frauen, die nahe daran sind, an ein Wunder zu glauben. Um ein Wunder hätte es sich allerdings höchstens dann gehandelt, wenn das Kind »gut« gesagt hätte statt »böse«, und das nicht mit grimmigem Humor, sondern aus wahrer Erleuchtung heraus.

Dieses Kreuz ist aus demselben *lignum* wie das echte Kreuz, ein Holz, das, selbst wenn es an den Ufern des Sesia gewachsen wäre, neben der Brücke von Mastellone, deshalb dem echten *lignum* von Jerusalem nicht weniger gleichen würde, denn dieses Holz stammt von keinem Ort her und zugleich von überall.

Ich habe das Gefühl, eine Pilgerfahrt in den Orient gemacht zu haben, allerdings in einen Wollpullover gehüllt, mit allzeit aufgespanntem Regenschirm, inmitten der Düfte von Alpenflora und im westlichsten Teil Italiens. Orient ist überall dort, wo ein Licht brennt. In einer Hand den Regenschirm, in der anderen ein elektrisches Auge, um die eingemeißelten Gesichter zu studieren, während die Dunkelheit sich herabsenkt. Manzoni war zum Sacro

Monte gekommen und hatte nicht wenige Gesichter und Gesten von dort für sein lombardisches siebzehntes Jahrhundert mitgenommen; auch er hatte sich die Opfer und die Schinder hinter den Gittern im strömenden Regen eingeprägt, während jemand den Schirm über ihn hielt: »so daß abwechselnd einmal das Weiße, einmal das Schwarze zweier Greifenaugen aufblitzte«, »In der Hand hielt er einen großen Knüppel« und so weiter, das alles sind Visionen vom Sacro Monte. Sicherlich kam seinem düsteren Rationalismus das völlige Fehlen von Teufeln und überhaupt der ganzen schwarzen Fauna des Mittelalters entgegen: am Sacro Monte spiegelt sich die menschliche Dimension in ihrer ganz natürlichen Dämonie wider, nicht hinter irgendwelchen monströsen Formen verborgen, die dann als real angesehen werden können. Alessandro konnte also, ohne sich gegen Vernunft und Geschichte zu vergehen, diese beseelten Skulpturen nehmen und sie mit wissenden Fingern in seine melodische Partitur einfügen.

Anstelle einer in extravagante und gewollte Ausdrucksformen herabgegeiferten Version des Dämonischen haben wir es hier mit Menschen und Massen zu tun, die Gefangene ihrer eigenen Bestialität und Krankheit sind (typisch dafür in der Kreuzigung die Figur eines Talbewohners mit einem dreifachen Kropf, dem Zeichen des Bösen), sklavisch der Materie ergeben, während eine leichtfüßige Prozession von Pneumatikern dem »Jesus patibilis« ans Licht folgt.

Ob dieses langsame Hervordringen geistigen Lichts, durch die grausamen Figuren geläutert, am Ende des Tages wohl von irgend jemandem verstanden werden wird? Ob der lange Klageruf eines Verletzten, den der Sacro Monte, das Neue Jerusalem, ausstößt (und hinter dem eine Reihe von Heilern, von *Refaím*, hergehen), auch nur irgendeinen mit seinem geheimnisvollen Hauch der Weisheit erwärmen wird? Im Regen kann man auf den Straßen von Valsesia noch wandeln und philosophieren.

Orta-See. Lago Maggiore

Orta ist erhaben und friedhofsartig, eingehüllt in die Nebel der umliegenden Täler. Ich bin auf einer Veranda gegenüber der Insel und erinnere mich nicht, wann ich zuletzt eine so paradiesische Aussicht genossen habe. Später setzt mich ein Motorboot auf der Insel San Giulio ab, in einer unwirklichen Stille. Es gelingt mir, eine sehr junge, zarte, erschrockene kleine Nonne zu überreden, daß sie mir von der Schwester Oberin die Erlaubnis einholt, die Fassade der Basilika im Inneren des Klausurgebäudes anzusehen. Die Fassade ist klein, weiß, sauber, wie eine von Nonnen bestickte Tischdecke; sie geht auf den See hinaus und wartet auf die letzte Stunde, den Tag, der immer unserer harrt, oder besser gesagt, auf das NICHTS, denn sie hat einen Frieden in sich, der die Zeit aufhebt und noch die letzte Stunde auslöscht. Sind bestimmte Steine noch *heilige Gebäude*? In ihrem Inneren werden Riten vollstreckt, kommen Menschen zum Gebet zusammen, aber der Stein, obgleich als heilige *Lesart* geschaffen, als Opfersymbol, hat sich womöglich völlig davon gelöst, und zwar schon ziemlich früh. Es gibt Bögen, die derartig rein sind, daß man sich nicht vorstellen kann, daß sie zum ständigen Gebrauch durch den Menschen gezwungen sein sollten ...

Auch das Café der Insel scheint den Benediktinerinnen zu gehören, es ist eine Villa des achtzehnten Jahrhunderts, mit Fresken an der Decke, kleinen Fenstern, verzierten Tischdecken, Gardinen ... An einer Wand ein großer, verblichener Öldruck: *Dernières victimes de la Terreur – Appel des condamnés le 9 Thermidor 1794.* An der anderen Wand ein Oval mit einer schönen Frau, die über ihrer Stickerei meditiert. Nun erfreut die Glocke mein mönchisches Herz, das dem Netz des Vogelfängers entschlüpft ist. Ein schönes gelbes Haus in einer Straße von Orta: »Hier verbrachte Angelo Cesare Bruni, der berühmte Anatom und Erforscher des Unbekannten, unbeschwerte Sommer«, er starb 1955. Erforscher des Unbekannten … er suchte danach in den Körpern, diesem unendlichen und nichtigen Antlitz, diesem ewigen Rätsel, ob man sie nun mit Instrumenten untersucht oder ihnen mit einem Gedanken nachhängt. Am Seeufer über den Vers »Forse perché della fatal quïete«* meditiert und über die Bedeutung, nicht nur für den Rhythmus, der Diäresis, die den Abend ausdehnt und dem Unendlichen wie dem Tod eine klangliche Ausdrucksform verleiht.

Die Kunst, sich in einem Hotelzimmer nicht zu langweilen, ist äußerst wichtig für jemanden, der so reist wie ich: ich kann von mir behaupten, sie zu beherrschen. Ich würde mich langweilen, wenn eine Frau hier bei mir wäre, wegen der Mühsal, Worte zu wechseln; lange Zeit, auch tagelang, zu schweigen ist ein derartiger Genuß, daß dadurch jegliche Langeweile vertrieben wird. Nachdem ich glücklich die Mahlzeit im Restaurant ausgelassen hatte, habe ich mir in meinem Zimmer im Hotel Azalea in Bareno gerade eben einen unvergleichlichen Tee gemacht; meine von ordinären Rädern mit Schlamm bespritzten Hosen trocknen währenddessen auf dem Bett, das keine Beine hat.

Der Lago Maggiore unter riesigen, niedrigen Kumuluswolken, ferne Schluchten aus weißem Dampf, Einbrüche

* Die mit Sternchen bezeichneten Stellen werden im Anhang erläutert.

weißen Lichts aus unerreichbaren Sonneneinsamkeiten, dunkel und weiß, leuchtend und infernalisch, die Schluß-szene eines kosmisch-kathartischen Dramas, war heute ERHABEN. (Wenn ich das allerdings in Umgangssprache übersetzen müßte, würde ich mich Laute ausstoßen hören wie: Ach ja ... was für ein scheußliches Wetter ...) In der Abenddämmerung ist das Licht über dem See immer noch zum *arrobamiento*. Das drückende Weiß gegen die zu imposanten, aber nicht angsterregenden Massen getrocknete Tinte ist hoher Landschaftsmalerei würdig; es macht mich traurig zu spüren, wie unfähig ich bin, soviel Erhabenheit in Worte zu fassen. Der Regen ist jetzt etwas weniger heftig. Ich warte auf einen anderen Zug, um zum Abendessen nach Pallanza zu fahren, da ich hier nichts anzufangen weiß. Überall das gleiche Fehlen einer menschlichen Stimme ... Alle bewegen den Mund, aber keiner spricht, keiner *sagt* etwas. Selbst zum Kauen haben sie keine Zeit. Den Mund haben sie nur, damit ihnen die Zähne ausfallen.

Etwas weiter oben, an der Steilküste entlang, verläuft die Bahnlinie des Simplon. Die Züge stören mich nicht, ihr Rhythmus klingt vertraut, ihr Geräusch ist menschlicher als die Stimmen in den Abteilen. Im Liegen, in der Nacht, stelle ich mir die Gesichter der Reisenden vor, zwischen Zeitungen und zerknülltem Papier, und genieße es, nicht zu ihnen zu gehören.

Wassertaufe, auch ψῶς genannt, denn das Wasser ist zugleich auch Licht ... Heute morgen ist das Licht aus dem Wasser aufgestiegen, von einer Lichtquelle ausgesandt, die in der Tiefe des Sees verborgen ist, und auf anderes Licht zugeströmt, das sparsame und wissende Wolken von oben herabfallen ließen ... Keine Landschaft, sondern eine Taufe an einer Quelle des Unendlichen ... Das Rosa war das gleiche zart übermenschliche wie bei den Damen und den Hintergründen Goyas: mit erhabenen Händen behandelt, verbrennt Rosa, eine Farbe, die weich und zerbrechlich wirkt, die Hände mit der Kraft eines heiligen Wortes. Und der See war kein See mehr, er war ein heiliges Antlitz ...

Theater und Marionetten der Borromeo in der Villa der Isola Madre. Im Garten düstere Mahnungen: VERGIFTETE VEGETATION. Mir begegnen nur Pfauen. Von einer aus Florida stammenden Magnolie baumelt ein riesiges Spinnennetz, das eine wundervolle, bernsteinfarbene Spinne von der Größe eines Hühnereis sich Runde um Runde webt (gegen den Uhrzeigersinn). Eine großartige Akrobatin, federleicht, ohne Netz, unfehlbar ... Eine Mücke ist ihr schon ins Netz gegangen, aber die Spinne kümmert sich nicht darum, sie ist damit beschäftigt, ihr Imperium auszubauen, sie hat keine Zeit zum Essen, wie Napoleon ... O du göttliches, geduldiges Tier, wenn dein wunderbares Sonnenreich nur nicht von einer menschlichen Nase bedrängt und zerstört wird! In der Spinne steckt Genialität und ein machiavellisches Funkeln politischer Weisheit, ganz verinnerlicht; bei den Pfauen dort unten ist dieses Funkeln nur am Gefieder hängengeblieben.

– Es geschah am Abend des achten Januar 1523 ... Die Tochter des Wirts Tommaso de' Zacchei sah, daß das Bild mit der Pietà voller Blut war ... Decken, die sich im Altar befanden, wurden herausgeholt: Pater Gemelli untersuchte sie und befand, daß es sich um echtes Menschenblut handelte ... Fünfmal wiederholte sich das Wunder noch: auch eine Rippe aus dem verletzten Brustkorb Christi löste sich, und man sah, wie die Madonna mit dem Arm auf die Wunde zeigte ... An jener Stelle wurde die heutige Kultstätte errichtet, vom heiligen Carlo Borromeo ... Gott, der ewig ist, kümmert sich nicht um die Zeit, aber wir waren damals am Beginn der Moderne, und vielleicht wollte der Herr damals die Kirche in ihrer Hoffnung bestärken ... Auch heute, im allgemeinen Zusammenbruch, geht die Suche nach dem Transzendenten im Inneren der Seelen weiter ... Von außen gesehen wirken sie grauenvoll, aber von innen ... Auf jenen bluttriefenden Lumpen hatte es der Kardinal Schuster abgesehen, der ihn nach Mailand holen wollte ... Gott kommt zu uns in Gestalt seiner Wunder, zu jeder Zeit, um uns etwas Trost zu bringen ... Hier ist das Ziel vieler Pilgerfahrten, fast alle aus der Lombardei; es ist vor allem ein Mailänder Kult ... Etwas ist in Bewegung gekommen ... wie eine Art Erwartung ... guten Abend ...

Seit fünfundzwanzig Jahren ist er der Priester des Heiligtums der Pietà von Canobbio, er ist jetzt einundsechzig. Zart, kahlköpfig, im Talar, von einer unendlichen Melancholie, einer unendlichen Sanftmut; für ihn ist jenes kleine, bemalte, mit getrocknetem Blut besprizte Pergament, jene Erscheinungsform des Wunders, der Brunnen seines eigenen Blutes, und das läßt ihn so anämisch und durchsichtig aussehen. Jetzt ist er durch eine kleine Tür verschwunden; wenn man klingelt, erscheint er wieder, aber er ist kein Roboter, er ist eine gläubige Seele, die in einen zarten Körper verbannt ist – seine Treue ist beständig und unerschöpflich. Dieser Priester war, endlich, eine menschliche Stimme ... (Ein weiteres Wunder jenes Pergaments.) Das Kind hieß Antognina Zaccheo; sie war von der Mutter nach oben geschickt worden, um irgend etwas zu holen; die Kerze, die sie in der Hand hielt, ging plötzlich aus, eine unheimliche Kraft zog sie an den Haaren und riß ihr den Kopf nach hinten, wodurch sie gezwungen wurde, nach oben zu schauen, wo das blutige Pergament hing; unten hörte man das Mädchen schreien, und alles eilte herbei. Die Zeugen erzählten, sie hätten gesehen, wie das Blut aus allen Wunden und sogar aus den Augen Christi floß und wie Tränenwasser aus den Augen der Mutter Gottes und des Evangelisten strömte. Auf dem See hingegen wiederholt sich in der Abenddämmerung das Lichtwunder, das auf dem piemontesischen, schon im Schatten liegenden Ufer noch deutlicher spürbar ist. Aber das Licht variiert seine Wunder unendlich oft, es ist jeden Moment neu, es hat Tausende von Augen und von Wunden. In der Trattoria bekomme ich eine grausliche Suppe; im Zimmer koche ich mir dann drei Feigen und esse sie mit Öl und Keksen. Danach Malzkaffee. (23. September)

Turin

Fiat-Lingotto wird bald verstummen. Paradox der Aufstieg durch jene unglaubliche Spiralrampe, die Matté-Trucco 1920 entworfen hat, vom Dunkel ins Licht (ein nebliger Morgen), als sei diese als Nutzmaschine konzipierte und uns heute schon ferne Industriearchitektur eine Außenkathedrale der Unterwelt, ein Baum ohne Lymphe aus der finsteren Welt der Metalle. Der Ruhm, den sie genießt, ist zwar übertrieben, aber sicherlich fehlt es ihr nicht an einer gewissen Art von Genialität oder Kunst; wohl aber an Schönheit, an positiver Bedeutung. Diese Kathedrale kann man nur mit dem Auto besuchen: nach der letzten Kurve des raschen Aufstiegs, schon fast im Gleitflug auf dem Dach, fährt man als abschließendes Ritual über die endlose, aufregende Teststrecke ... Der Ausblick geht über das riesige, verschlungene Schienennetz und die Fabrik mit ihren gefängnisartigen Innenhöfen. Das Licht von oben ist in Wirklichkeit die gewohnte Schmutzschicht aus verschiedenen Dämpfen, die die Turiner Luft vergiften, aufgehellt von herabtropfender und aufgefangener Sonnenmilch: ein Surrogat. Der Gott Arbeit ist kein strahlender Gott. *Mind's manacles ...*

In der großen Krankenabteilung lasse ich von einer Ärztin eine Untersuchung meines Gehörs durchführen; eine leichte physiologische Abnahme der Hörfähigkeit wird festgestellt, die jedoch altersbedingt ist.

Schwester Rachele, inmitten eines Schwalls von prächtigem weißen Leinen, dem Schatz des Hospizes, spricht nur von Urin und Kot; den ganzen Tag geht das so mit ihren alten Patientinnen. – Aber die Gräfin Riccardi, die ist bis zum Alter von hundertzwei Jahren noch aufgestanden und ist selber zum Waschen und Wasserlassen gegangen! – (Sie ist mit hundertdrei Jahren minus zwei Wochen gestorben, ein Jahr lang hat sie noch ins Bett gemacht.) Luigi Mare, vollkommen betrunken, schimpft, wütet auf dem Flur. Ich spreche mit Giovanni Mosso, der im Bett liegt, aber jeden Tag nach oben gebracht wird, wo er zeichnet: – Ich war einmal Dekorateur ... Ich habe immer zu meinem eigenen Vergnügen gemalt ... (Vollkommen infantile Zeichnungen, sie könnten von einem Kleinkind stammen, er ist zufrieden.) Die beiden Namen zusammen ergeben »Mare-Mosso«, stürmische See ... In der Küche rührt ein zyklopengroßer Kochlöffel in einem Suppenmeer (Suppennudeln, Brühwürfel, Salz, Knochen, Gemüse), das dampft und duftet. Heiße Suppe ist immer anziehend, bedeutet immer *Mutter*. Der Küchenchef ist eine Art Monster, zwanzig Leute arbeiten unter ihm. Im Refektorium gibt der Fernseher sein übliches Geknarze von sich, aber alle beugen sich über ihre Teller, der fest in der Faust gehaltene Löffel widersteht dem Zittern.

Am Abend überlappen und vermischen sich mir auf phantastische Weise die Räume des Lingotto und des Altenheims, gigantische Klausen, die von denselben Existenzen durchwandert werden, wie nach Plänen des obskuren Matté-Trucco, der die Zirkel rotieren läßt. (11. Dezember)

Lucca. See von Massaciuccoli

Ganz entzückend ist das alte Hotel Universo in Lucca, und noch mehr ist es die Amsel, die mich dort im Hof begrüßt. Hier herrscht Ruhe. Ich gebe mich dem Genuß hin, traurig zu sein.

Hier war einst das berühmte Caselli, heute Caffé Di Simo in der Via Fillungo, früher Risorgimento, Musik, Literatur, aber auch eine gewisse *douceur*, zwischen Stuck, Lüstern, Geplauder … Ich fühle mich dort unwohl wegen des vielen Rauchs.

Ein göttlicher Regen im Innenhof klingt in meinen Ohren, während die Amsel schläft und alles im Arm der *quies* ruht. Auf der Suche nach einem Wunder durch ganz katholische dunkle Straßen gelaufen, und vor einem Gitter am Ende eines alten Treppenaufgangs hat es mich dann gestreift; dort war ein quadratisches Gärtchen, von blütentriefenden Bäumen beschattet, und in der Mitte eine Art zerfressener Sarkophag, fast schon ein toter pompejanischer Patio, und ich war dort allein mit dem Widerschein des stimmlosen Lichts, das wie ein plötzlicher Mondeinbruch wirkte, und mit der Weichheit des Regens und dem Schlagen der entfliehenden Stunde.

Via dell'Angelo Custode, Vicolo della Felicità, Piazza del Suffragio* … eine Prozession von katholischen Steinen, die hinter einem heiligen Antlitz einhergehen. Pünktlich der Glockenschlag von der Torre delle Ore, veritables musikalisches Digitalis. Regen, der in die Adern dringt, der innerlich erwärmt und belebt.

Eine Station im ersten Stock des alten Krankenhauses, verwaist bis auf die orthopädische Abteilung, die noch in Betrieb ist. Auf dem Boden meditiert die Büste eines Wohltäters über den Spruch »Wirf dein Brot aus auf die Oberfläche des Wassers«. Ein schöner, sehr gepflegter Garten, neue Ziegel über der Loggia, der Rest auf bezaubernde Weise verfallen, abgeblättert, mit dem wohltuenden Geruch von Nässe und Desinfektionsmittel. Ich bedaure, nicht Arzt geworden zu sein, ich hätte mich äußerst wohl gefühlt an einem Ort wie diesem, zwischen den Büsten und den Rissen in der Wand, eingehüllt in das große Leintuch menschlichen Leidens, während ich sehr wenig verschreibe, ein paar Kräutertees, ein Herzmittel, den Todgeweihten helfe, gut zu sterben, Fenster schließe, Decken festzurre, den Intelligenteren Gedichte vorlese... Es ist schön in diesem Italien, das jede Einsamkeit erschlägt, diese Erinnge der Menschenmassen, der Autos, des Lärms, unbewohnte Orte wiederzufinden, beliebige Orte, die jedoch heilig sind, weil sie von den Klauen des Lebens verschont blieben, versunken in Schweigen, Finsternis, Frieden...

Hervorragend gegessen bei Giulio in Pelleria: Dinkelsuppe, Polenta, Mangold, vorzügliches Öl. Nur in Lucca kann man so gut essen. Neben mir rauchte weise ein schöner, bestimmt intelligenter Alter, wie er oft schon von nordischen Tavernenmalern dargestellt worden ist; er wirkte wie jemand, der viel genossen und gelebt hat.

BASTARDE DIE ÖFEN VON BUCHENWALD ERWARTEN EUCH. (Nicht alles ist freundlich in Lucca.)

Der See von Massaciuccoli: hier richtete Giacomo Puccini von seinem Boot aus große Vogelmassaker an. Er hatte ein wahres Waffenarsenal zu Hause. Er benützte dazu sogar eine doppelläufige Böllerkanone von zwei Metern Länge, die auf einen Dreifuß montiert war, ein historisches Stück, eine grauenhafte Musik. Die Villa quillt über von Trophäen: Hirschgeweihe, ausgestopfte Vögel, Jagdphotographien. Der Maestro sah aus wie ein volkstümlicher Frauenheld, ein bißchen aufgestiegener *maquereau*, ein mondäner Hotelbesucher, mit prachtvollem Schnurrbart, hochgewachsen, seiner Zeit gemäß. In der Kapelle im Hausinneren, Baujahr 1926, in agonisierendem Jugendstil, sind sie alle eingemauert, die ganze Familie Puccini, der Maestro, der Sohn, die Gattin Elvira, die Schwiegertochter ... Etwa siebzig Zigaretten hat er am Tag geraucht, dann der Kehlkopfkrebs und das Schweigen. Die letzte Notiz des Stummen: »Etwas Gerstenkaffee. Elvira, arme, erledigte Frau«, in desperater Schrift.

Widmungen, Photos, Telegramme ... Thomas Edison, Jules Massenet, Victorien Sardou, Verdi, Alexandra von England, Helena von Savoyen ... Packen von Briefen, Theaterzettel ... (Hier gibt es keine spirituelle Gegenleistung: es ist eine Musik, die von der Materie höchstens bis zu Psyche aufsteigt, sie in einem kurzen Anfall liebkost und sich sofort wieder verflüchtigt.) Über den See hat sich die Dunkelheit gesenkt, in ganz kurzer Zeit. In meiner Nähe, auf einer Veranda über dem Wasser, spielen vier alte Männer Schach.

Das entzückende Teatro del Giglio, übervoll von Kindern und Familien, winkt mit einem »Bunten Programm für den Frieden« (diesmal nicht kommunistischer, sondern katholischer Abstammung); das Bühnenbild erlaubt nur Tauben, und die Stereoanlage bombardiert das pazifistische Publikum mit schrecklichen Salven. Und dennoch schafft dieser enorme Spektakel, diese Veranstaltung ohne Konzept und ohne Sinn, Frieden, denn das Ganze ist durchdrungen von einem schönen volkstümlichen Lächeln, das zugleich infantil und typisch für Lucca ist. Sogar ein dümmliches Gedicht von Brecht, das ein braver Bub aufsagt, trägt Blüten. Am sympathischsten sind die Kinder aus Massa Pisana, vor allem die Mädchen, ganz ernst, mit offenem und verschämtem Gelächter, selbstbewußt und verlegen, Geschenk und Anmut ... Und sie singen frommes Zeug: »Wir wollen Friiieden!! Der Zug der Selig-keit…« Doch das Repertoire ist egal; die Seele ist jedenfalls dabei, und sie kommt pur zum Ausdruck. Die gute Sache ist allerdings schon verloren. Wenn Gott nicht will, werden sie keinen Frieden haben, und *desine fata deum*. Nach drei Stunden Arbeit würden am liebsten alle erschöpft auf der Bühne einschlafen, und eigentlich könnte man sie auch dort liegenlassen, ihren Träumen überlassen, wenigstens dies eine Mal.

Die Mitternacht überrascht mich auf der Wiese, auf der sich sanft der Schatten der Apsis von San Martino abzeich-net. Was könnte man denn in diesem Land anderes sein als hoffnungslos konservativ? Man bräuchte ja nur zu *konser-vieren*, zu bewahren: Steine, Tiere, Blumen, Kräuter, Hü-gel, Ecken, Profile, Mauern, Bögen, Gewölbe, Loggien, Parks, Gräber, Statuen, Gemälde, Fenster, Gärten, Feuch-tigkeit, Stalaktiten, Palmen, Olivenbäume, Steineichen, Weiden, Schatten, Lichter, Jahreszeiten, Bücher, Metopen, Stuck, Tischchen, Truhen, Berufe, Sprichwörter, Sprachen, Küche, Werkzeug, Papier, Karten, Bahnhöfe (der von Lucca wäre, gereinigt, ein Schmuckstück), und die Institu-tionen dazu zu zwingen, sich in erster Linie diesem hoff-nungslosen Zweck zu verschreiben in einem absurden und phantastischen Kampf gegen »Zeit« und »Notwendig-keit«. Zwanzig, dreißig Jahre lang … Die Niederlage wäre unvermeidlich, tragisch, aber würdevoll: die Richter abge-schlachtet, die Gesetzgeber in den Flüssen ertränkt, aber es wäre zumindest ein Ende ohne Kapitulation, ein echtes Stück Geschichte.

Castel del Monte. Barisciano

Castel del Monte. Hier findest du die weiße Wabe aus Stein wieder, wo der Mensch von einem geheimnisvollen Gesetz, das über ihn herrscht, und vom perfekten Maß des Raumes, ohne irgendeinen sichtbaren Zwang daran gehindert wird, die strafauslösende Hybris zu begehen; Häuser und Landschaft, Himmel und Erde, hartgewordener Schnee und gerade aufgeblühte Blumen, alles ist glänzend und geläutert, und der Atem wird weit in dieser Friedlichkeit.

Via dello Stincone. Rua del Muto. Via Colle della Croce. In der Nummer 25 wohnt ein Priester: Valfredo d'Alessandro. Via Sopra la Taverna. Via Sotto la Taverna. In der Nummer 9 wohnt ein Besen. Vicolo di Malafede. Via delle Mura.* In der Nummer 37 wohnen drei große Unterhosen, die zum Trocknen aufgehängt sind. Vicolo di Gemmano. Via Patente (ein sublimer Latinismus: *patet* erlaubt einen wundervollen Ausblick auf Mauern, Treppen und schmiedeeiserne Gitter). Der Evangelist Markus klopft dreimal. Ein Arm, den man zunächst gar nicht heraushängen sah, wird durch eine Luke wieder eingezogen. In der Nummer 18 wohnt Bice Aceto. Von unten enthüllt die Via Patente die Wunder des Tals und die Ziegeldächer, berauscht einen durch Süße und Wahrheit.

Es könnte sein, daß vermöge der weit zurückreichenden Wurzeln an solchen Orten das menschliche Leben langsamer verlöscht; falls sie jedoch zu Zufluchtsorten vor dem Terror der Städte werden sollten, dann wird es auch dort Krieg und Brudermord geben. Via del Farro Vecchio, um mit Horaz* vorzugehen. In der Nummer 1 des Vicolo di Malafede wohnen zwei Paar Schuhe. In der Via Difesa Vecchia verstummt ein Grüppchen alter Leute schlagartig, um sich vor meinem Blick zu schützen. Von der Kirche Santa Maria aus überblickt man einen unmäßig großen Talschenkel: mit einem einzigen Maschinengewehr hätte man in der Zeit vor der Erfindung der Flugzeuge eine ganze Armee in Schach halten können. In Richtung Tal wohnt eine Schildlaus. Via Madonna delle Grazie (die *grazia*, die Gnade, um die man bitten sollte, ist die, daß sich *nichts verändert*). In der Nummer 18 der Via degli Zingari* wohnen Danilo und Rosa Pietro, die zusammen einen Rosenstock bilden. Via Cupa, die düstere Straße (die in Wirklichkeit heiter ist). Largo Umberto I ... Die Namengebung verrät, daß wir außerhalb des Zauberkreises geraten sind, sofort weit weg von Eden. Und in der Tat: Piazza XX Settembre ... Casa del Popolo ... Scuola IV Novembre ...

In der einzigen Bar trinke ich einen Kaffee, der mir spendiert wird. (Weil ich hier fremd bin? Weil ich Bücher dabeihabe?) Ein wertvoller Rest antiker Gastfreundschaft.

Ich kehre in die Wabe zurück. Eine kleine Tür öffnet sich hinter meinem Rücken, und neben mich setzt sich Teresa, die Lust hat, zu reden und mir irgendwie behilflich zu sein. Ihre Hilfe ist kostbar: Sie erzählt mir von dem großen Schneefall letztes Jahr und von dem Leben, das in Castel del Monte ausstirbt: – Kein Muli gibt es mehr, keinen Esel ... Keiner betreibt mehr Ackerbau, der Weidebetrieb geht verloren, die Herden verschwinden, alles wird mit Lastwagen gebracht ...

– Und die Religion?

– Ach ... die Karfreitagsprozession haben sie nur zum Zeitvertreib gemacht ... Sie wollen nichts mehr wissen von der Religion ... alle gehen sie weg: nach Frankreich, in den Norden, nach Rom oder nach L'Aquila ... Sie wollen in die Fabrik, wollen Handel treiben ... Hier lebt man ganz gut, aber die Winter sind schrecklich ... es gibt nur noch Rentner ...

Das kleine Mädchen, das sie dabeihat, die Tochter ihrer Schwester, kommt mit zwei Kuchenstücken an, einem für sich selbst und einem für mich, sie bietet es mir lächelnd an.

– Was eßt ihr so?

– Viel Ricotta, solange es noch ein paar Schafe gibt... Santo Stefano di Sessanio ist noch verlassener als hier... Dort gibt es Geister... Man sieht keinen Menschen mehr...

Ich komme in Santo Stefano di Sessanio an. Hier finde ich Hühner und gepflegte Gemüsegärten, gelbe und blaue Schwertlilien, die im Wind schwanken. Ein untrüglicher Geruch, und ich entdecke einen ECHTEN ESEL. Wundervolles Bild des Friedens, die Ohren eines Weisen, Augen voller Güte... Wir unterhalten uns eine Weile über Leben und Tod, Verlierer und Sieger, Wissende und Unwissende... Zum Abschluß ein wenig Mist... glücklich saugt die Nase ihn auf... Via Nazario Sauro: aber was hat hier ein istrischer Matrose zu suchen? Küchenkräuter und Blumen in Kübeln und Konservendosen. Noch mehr Hühner... Eine taube Alte. Eine Familie: Mutter Schaf mit zwei entzükkenden Lämmern... Und noch mehr Schafe, alle mit ihren Lämmern im Schutz der Überdachungen, zarte Laternen in der Dunkelheit der Menschenwelt, die sie an sich reißen wird. »Heiliger Isidor, behüte unsere Bauern.« – Aber wo finde ich sie denn, eure Bauern, um sie zu behüten? – Da steht die Torre Medicea, zu ihren Füßen das Gerippe eines Fahrrads. Von dort aus sieht man mit Staunen einen gut gepflügten Streifen Ackerlands, in seiner Mitte ein künstlicher Forellenteich. Wundervoller Wind. Vollkommene Stille. Unterhalb des Turms ruft die Wüste die Wüste, alles ist gespenstisch geworden. Eine schwarze Alte erscheint, von der Arthritis zerstückelt, voller Mißtrauen. Stimmen ertönen, aber sie kommen aus dem Jenseits. Türen öffnen sich sperrangelweit vor Zimmern, in denen der Atem die Stimme verloren hat. Ich drücke verschiedene Haustüren auf, alle geben nach, und in ihrem Inneren das Nichts … Ich kann in die Wohnungen anderer Leute pinkeln, in aller Seelenruhe … Das tue ich im Hauseingang auf das »Dritte Fest der Platterbse« – 7./8./9. August 1981, der Bewohner kommt nur im August hierher, zu diesem Fest, ißt ein paar Platterbsen, flüchtet sich wieder nach Frankreich zurück. Via del Castello … hier droht Einsturzgefahr, wackelnde Steine auf der Kippe, zerbröckelnde Mauern … leere Ställe … ein Brunnen spendet dem Wind Wasser … ein abgestützter Bogen … ein kleines Fenster mit Blick aufs Tal, im Inneren ein zusammengebrochener Kamin, eine eingestürzte Decke, ich muß aufpassen, wohin ich meine Füße setze … Renoviert wird auch, hie und da, in Erwartung einer Rückkehr der Lebenden … mit Bad, nie wieder Ställe … Jetzt ist es tatsächlich eine lebendige Hand, die mir ein frischgelegtes Ei reicht, die rätselhafte Kette menschlicher Unterstützung, die sich in einem ihrer engelhaften Wunder offenbart.

Nach einer längeren Fußwanderung komme ich in Barisciano an und werde dort von den höflichen Brüdern Tesolin aufgenommen, istrische Flüchtlinge (Abbazia), die 1945 in das Sammellager von L'Aquila kamen und in den Abruzzen geblieben sind wie in einem verheißenen Land. – Als wir hier ankamen, begegnete man überall Schafen … sie zogen nach Apulien und kamen dann wieder zurück … Familien, ja Generationen von Hirten … Heute reisen die Schafe auf Zügen, auf Lastwagen … Hirten gibt es nur noch wenige … Von Santo Stefano di Sessanio bis zu der Begegnung mit den Tesolin blickte ich auf eine phantastische Wüste aus atlantischen und mondähnlichen Bergen, unbelebt, versunken, mit großen Feldern voll blühender Mandelbäume, inmitten eines langsamen Sonnenuntergangs, wo die Seele schwebt, ohne auf den Füßen zu lasten.

In Barisciano verbirgt die Seele sich wieder. Es ist ein häßlicher Ort, und zu viele Augen beobachten mich.

– Kennst du den? – fragt mich die Frau.

– Aber sicher! Das ist der heilige Antonius aus der Wüste, denn er hat ein Schwein bei sich, den T-förmigen Stab und noch ein »Tau« auf die Schulter gemalt. Er beschützt euch vor seinem berühmten Feuer, das fürchterlich ist!

An der Kreuzung von Barisciano erwarte ich bei Einbruch der Dunkelheit, zwischen den Mandelbäumen, den Bus nach L'Aquila.

Aber was kann es bedeutet haben, welchen Sinn soll ich darin sehen, daß ich dort, inmitten dieser Räume und dieser Zeit ohne Anfang, ohne Ende, so oft von Christus geträumt habe?

Casa del Niemand. Sulmona

(11. April, Ostersonntag)

In der Stille, hinter San Pietro di Coppito, übt jemand Trompete.

CASA DEL NIEMAND. In der Via del Capro verkauft ein Alter, Fortunato aus Sizilien, sein Haus. Er lag noch im Bett; er öffnet mir die Tür, nachdem er sich rasch angezogen hat. Er lebt dort allein, in einer unglaublichen Unordnung. Der Ort, an dem er schläft, ist eine gut ausgehöhlte Achsel des Chaos, deren Geruch der Alte liebt. Seit seine Frau vor ein paar Jahren nach Sizilien zurückgekehrt ist, hat er nichts mehr aufgeräumt, hat er der Unordnung den Weg bereitet, sie genährt, ihren Appetit geschürt. So hat er keine einzige Kaffeetasse mehr abgewaschen, in seinem Bett kein Laken mehr gewechselt, der Teller, aus dem er ißt, ist immer derselbe und ist nicht mehr gereinigt worden, die Aluminiumtöpfe haben Krusten aus mineralisiertem Fett, der Besen klebt inmitten von Obstschalen und Abfall wie auf Leim, die Pflanzen sind nicht mehr gegossen worden, hinter den staubigen Fenstern ahnt man eine schöne Aussicht, aber der Niemand weigert sich, sie deutlich zu sehen. Ein breughelscher, seltener Anblick. Er will sechzig Millionen, um nach Sizilien zurückzukehren und dort ein neues Chaos zu fabrizieren.

Gerammelt voll, die Piazza von Sulmona ... Die Menschen füllen sie ganz aus, Balkone, Mauervorsprünge, Fenster, Bögen, Terrassen, Treppen, alles ist kompakte Masse, hie und da von Luftballons beschirmt. Man erklärt mir, was gleich geschehen wird. Es wird nur einen Augenblick dauern.

Die Madonna, in Trauer, hat sich in ihr Haus eingesperrt aus Schmerz über den Tod des Sohnes. Da kommt Petrus und sagt ihr, daß er wiederauferstanden ist. Die Madonna glaubt es nicht und weigert sich, aus dem Haus zu gehen. Da kommt auch Johannes der Täufer und bestätigt die Nachricht: ihm glaubt die Madonna. In ihrer Trauerkleidung geht sie hinaus, immer noch die Schmerzensreiche, noch nicht ganz überzeugt, langsam, fast widerstrebend. Am anderen Ende des Platzes, der vom Aquädukt begrenzt wird, steht der wiederauferstandene Sohn und erwartet sie. Endlich sieht ihn die Madonna. Sie wirft sofort den schwarzen Umhang ab und zieht wieder den grünen an, wobei sie im Laufschritt die knapp fünfzig Meter zurücklegt, die sie von der ersehnten Wiedervereinigung mit ihrem Sohn trennen.

Die Darsteller sind Heiligenfiguren, die von weißgekleideten Männern auf den Schultern getragen werden.

Alles läuft so ab, wie die Menge es erwartet. Das langsame Erscheinen der Madonna wird mit qualvoller Spannung verfolgt: – Die Madonna hat ihn noch nicht gesehen... – Sie hat ihn gesehen! – Und der Lauf der braven Träger wird zum Flug, den die Menge ohne einen Schrei, aber mit der Kraft ihres Atems trägt. Der schwarze Umhang ist zu Boden gefallen, der grüne fliegt zwischen den Böllerschüssen auf die andere starre Figur zu, die für alle tatsächlich den Gottessohn darstellt, den Toten, der den Tod überwunden hat. Es ist vorbei.

In diesem Moment hat die Unendlichkeit des Numinosen ihre ganze Macht auf den Platz entladen. Tatsächlich hat etwas stattgefunden, das außerhalb von Geschichte und Zeit liegt: das reine Wiederfinden des Ursprungs, der Verbindung mit der heiligen Zeit. Man weint vor Freude, wegen der Auflösung der Spannung. Es war kein Schauspiel, sondern ein echtes Ritual, inmitten von Luftballons, Torrone, gerösteten Erdnüssen... Der Lauf der Madonna ist ein Einbruch des Erhabenen in die Sphäre des Alltäglichen, der Form in die des Formlosen, der Auferstehung in die Sphäre des Todes. Sicher wäre ohne diesen Augenblick, wenn durch irgendeinen Grund, einen unreinen und grausamen Befehl, die Zeremonie während der Trauer der Schmerzensreichen aufgehalten, nach den ersten Schritten der noch ungläubigen Madonna abgebrochen worden wäre, die Trauer in den Herzen aller fest eingeprägt geblieben; eine Spur von Gottesmord und Tod. Alle hätten diesen Tag verflucht, anstatt ihn zu segnen. Aber jetzt kann der Frühling beginnen, können die Samen aufgehen, die Mandelbäume weiß werden. Trotz der Verläßlichkeit des Rituals hatte die Menge nämlich bis zuletzt *gezweifelt*. Denn hierin besteht die Tragik des Rituals: man weiß, daß es so sein wird, und doch besteht immer ein Überrest von Angst, daß die Wiederauferstehung nicht stattgefunden

31

haben könnte, daß die trauernde Madonna ihren Sohn nicht wiederfindet und in noch dichtere schwarze Schleier gehüllt wieder in ihr Haus zurückkehrt. Erst wenn die Füße der Träger beginnen, schnell auf das Aquädukt zuzulaufen, wird der Atem wieder freier und der schmerzliche Zweifel zur tönenden Gewißheit.

Gleich danach beginnt die Menge sich aufzulösen, und die vier Heiligenfiguren, die einen Augenblick lang zum Alpha und Omega der Ewigkeit geworden waren, verwandeln sich zurück in Prozessionsstatuen und folgen dem Bischof inmitten der fröhlichen Gesichter der Brüder vom Heiligen Grab, die sich um sie kümmern. Alles und alle kennzeichnet eine außergewöhnliche Fröhlichkeit... Sie haben über Thanatos gesiegt... Christus hat den Tod besiegt... Hierin liegt das ganze Geheimnis: die Menschen wollen den Zyklus, nicht die gerade Linie, die Wiederholung, nicht die Neuheit, die Ewigkeit und nicht die Geschichte, diesen Katalog des Todes. Ein Luftballonverkäufer macht unglaubliche Geschäfte, Hunderte von Händen strecken ihm Geld entgegen; er bläst die Ballons mit Hilfe einer riesigen Gasflasche auf und färbt so die Piazza bunt. Prachtvolle Zigeunerinnen in Paradekleidern, die sie aus Truhen hervorgezogen haben, aus dem fruchtbaren Schlamm des Ganges, aus erkalteten Kesseln, tragen stolz jede erdenkliche Art von Gehängen, goldene Ohrringe von der Länge eines Rüssels, grelle Seidentücher, die Mädchen sind berauscht von ihren eigenen Hintern und Anna-Perenna-Busen, und einen Tag lang betteln sie nicht, die Männer betrügen nicht, die Kinder lügen nicht. Ein kleines, wie eine Königin gekleidetes Mädchen schreit lachend in meine Richtung: Du bist häßlich! Sie hat recht: ich bin häßlich, weil ich kein Festtagskleid habe und auch keine goldene Uhr mit Uhrkette. Im Handumdrehen ist der Platz wie leergefegt, nach der Trauer und der Befreiung von Trauer und Tod muß man sich stärken, alle gehen essen, Zigeuner und *gagè*, alle schlecken die Teller aus, wobei (was sie nicht wissen) das Opfer des Gotteswortes weitergeht, damit der Tod nicht hereinbrechen kann. Die letzten Böllerschüsse … der verhallende Klang einer Blaskapelle … die überflüssige Prozession hat ihre Runde beendet, auch für die Bruderschaft des Heiligen Grabes ist der Moment gekommen, sich unter den Makkaroni zu begraben.

Nolite solliciti esse in crastinum, mahnt die große Inschrift im Altersheim. Bis hierher ist der Flügelschlag des Göttlichen nicht gedrungen, keiner hat seine Miene verändert, ebensowenig wie seine Kleider. Ein großer Nutzgarten mit Kohlbeeten und Mandelbäumen, schön wie die Konkubinen König Salomons. Alte Leute, die reden, aber stocktaub sind. Tauben und Krähen. Der armseligste von allen, der gerade mit mehreren Besen in der Hand hineingeht, ist zugleich der pfiffigste: – Junger Mann, jetzt geben Sie mir fünfhundert Lire für ein Glas Wein. Danke. Und frohe Ostern.

In den Restaurants Sulmonas fressen die Heuschrecken Joels alles ratzekahl leer. Der Bauch feiert den Sieg über Thanatos, indem er sich füllt und rumort. Wir sind die Ewigkeit, sagen die Gedärme. Und tatsächlich ist es der Hunger, der uns am stärksten das Gefühl gibt, unsterblich zu sein. Überall findet ein heiliges Gastmahl statt. Auch ich esse, sehr spät, als sich die Küche bereits leert und die Arme müde sind, denn die intensive Teilnahme am Ritual auf der Piazza hat mich hungrig gemacht.

Doch das sind bloß Überreste. Früher einmal war die ganze Karwoche in Sulmona ein einziges großes sakrales Schauspiel, bei dem die Wiederfindung des auferstandenen Sohnes nur der Höhepunkt war; heute sind davon nur noch die Karfreitagsprozession und der Lauf der Madonna am Ostersonntag übrig. Die Mandelbonbons sind eine Er-

findung der Klöster, sie wurden als Exvotos gespendet ...
Die Nonnen, erklärt ein guter Mann mit wackligem Gebiß
einer Gruppe von Neapolitanern, fertigten Süßigkeiten
und organisierten Feste, um die adeligen Mädchen ins Kloster zu locken ... Ihre Spezialität waren die *mostaccioli*,
eine Art Lebkuchenteig, der mit Marzipan und gekochtem
Most vermengt wurde, und auch Kringel, die *tisichelle* heißen, »Schwindsüchtige« ...

Das Torrone hingegen stammt aus Spanien ... (Mit diesen Zähnen wird er es wahrscheinlich gar nicht essen können.)

Das weißgekalkte Oratorium an der Ecke zur Via della
Cona genießt den Schatten von Jonas Rizinusbaum. Noch
ein Jona befindet sich im Portal von San Francesco della
Scarpa.

Mit der Bimmelbahn, die nach Terni fährt, kehre ich
nach L'Aquila zurück.

Fossa

Ich kenne keine ursprünglicheren Malereien als die Fresken in der kleinen Kirche von Santa Maria ad Cryptas in
Fossa. Der Kuß: während Judas ihn küßt, hält Christus
schon das Ohr bereit, das er dem Frevler wieder ankleben
will; zur gleichen Zeit säbelt Petrus erst noch, taub gegenüber allem Flehen, es ihm in aller Ruhe mit einem Rasier-
messer ab. Die Mienen ringsherum sind düster: zu Recht
sind es nicht die Gesichter von Schergen, sondern die von
Katecheten. Großartig die Wand mit der Genesis, wo Eva,
mit Brüsten wie alte Apothekengläser, aus Adams Rippe
entspringt, inmitten einer rein metaphorischen Paradiesve-

getation mit riesigen Blättern und Pilzen. Die beiden *comedunt* vom verbotenen Baum, und Gott jagt sie in das Grauen der Geschichte hinaus. Die Generationen der Patriarchen werden dadurch dargestellt, daß Abrahams, Jakobs und Isaaks Brust jeweils mit lauter kleinen Köpfen gespickt sind, jeder von ihnen hat seine Schar von Nachkömmlingen, ein sehr frommes und zugleich rührendes Bild ... Wunderbar auch eine Verkündigung, bei der Gott das Kind direkt in das Ohr Marias schickt, wobei er es auf einem Strahlentoboggan herunterrutschen läßt. Das außergewöhnlichste Stück befindet sich jedoch in der Apsis, eine Passion und Pietà, bei der nichts schmerzlich oder schauerlich, sondern alles von einem unwiderstehlichen Gnostizismus aufgeheitert ist. Zu Füßen der Madonna brennen fünf Kerzen. Lebewohl, du schönes Gefäß einsamer Heiligkeit.

Messina. Catania

Gründlich ausgebreitet, wie ein Krebsgeschwür, hat sich die Häßlichkeit von Messina. Straßen im amerikanischen Stil, brutale Ladungen von Autos und Neonlicht, Hafenschrott, nirgends gibt es Zuflucht, keinen Moment lang herrscht Ruhe. Ein amerikanisches Schiff hat Anker geworfen, es ist beleuchtet wie für eine Kirchweih, mit kahlgeschorenen Matrosen, voller Geräte für die Peilung, klosterartig, versiegelt, ein technologischer Templerturm, ein Symbol unnahbarer Macht, die Meereswarte eines Ordens elektronischer Ritter. Aus einem Nebenzimmer dringt zu mir das regelmäßige Schnarchen irgendeines schrecklichen Behemoths. Ich koche mir einen Abführtee aus Orangenblüten und Honig. Unmögliches Hotel.

Am Morgen sehe ich das Schiff wieder; es ist das einzig akzeptable, die Handelsschiffe mit ihren monströsen Formen sind abstoßend. Das amerikanische hingegen sieht aus wie ein maßgeschneiderter Anzug für einen anspruchsvollen, aber etwas dümmlichen Kunden. Die Raketen, zwei an Bug und zwei an Heck, sind Farbstifte. Es ist unglaublich, was für eine Masse an Apparaten sich in der Mitte auftürmt, mit Schnäbeln und Augen, die Max Ernst zu einem seiner symbolischen Tiere inspiriert hätten. Das Schiff hat eine Nummer, die Unglück bringt, die 17, und ist ein richtiges Schlachtschiff. An beiden Enden flattert das Sternenbanner. Dort drinnen zumindest schlägt das Herz einer Großmacht, es gibt ein *Zentrum*, das Radio verbindet es mit dem Planeten Amerika; in Messina jedoch, der Stadt ohne Zentrum, gerät man ins Wanken, ist man inmitten des Grauens entwurzelt, eingekreist (und damit kann die Vernunft nicht fertig werden, weil sie es nicht rechtfertigen kann) von der Häßlichkeit. Der Hof, auf den das Zimmer hinausgeht (Erdgeschoß, vergittert), ist dreieckig, in der Mitte gibt es ein Loch und darum herum eine Pfütze mit Regenwasser und chemischem Schaum. Eine einsame Taube scharrt auf dem Vordach und pickt nach dem Rost.

In Catania ist gerade der Markt zu Ende, mit seinen spanischen Bodegones-Farben, den Fischgüssen, großen Wasserpissereien. Die Händler sehen alle brutal aus, anmaßend, unheimlich, abenteuerlich, schurkisch. Ein Fleischer schüttet große Kellen von gestoßenem Eis in einen Bottich, um einen Berg von rosafarbenen Innereien und blassen Kutteln vor dem Gestank zu bewahren. Der Lärm auf den Verkehrsstraßen bringt einen um; nach einem Tag, den ich in diesem Hexenkessel verbracht habe, bin ich reif, zu den Kutteln geworfen zu werden. Durch den Autoverkehr verrückt gewordene Leute, die sich mit erschreckender Grobheit durch die Straßen bewegen ... Letzte

Nacht hat es einen Bandenkrieg gegeben: Handgranaten, Pistolen, Maschinengewehre gegen eine Gruppe von Zecchinetta-Spielern, in einer Kellerwohnung in der Via Iris 15; sechs Tote hat es gegeben und fünf oder sechs Verletzte. Im Kino: WIE EINE LÄUFIGE HÜNDIN. HÖLLISCHE WEIBER. SCHWARZER ORGASMUS.

Aus dem Erdbeben wiederauferstandene Städte, kurzlebige Phönixe ... Aber ist das Geschehene denn wirklich passiert? Ohne das Wort würde es keine Vergangenheit geben, aber was ist das Wort? Man sagt, daß sie tot sind, ohne darüber nachzudenken, daß sie ja nicht einmal geboren worden sind ... Über dem Heiligtum von Sant'Agata ist Kali, Maja, das Fatum, und darum herum ist alles bereits Staub und Schweigen, selbst dieser entsetzliche Lärm, der die Straßen belagert wie ein Heer von Lemuren.

Dieses Volk war aus der Armut entstanden, zur Armut geboren; das Geld hat sie gebraten wie in einer riesigen Pfanne, und jetzt ist ihr Gesicht schwarz und verbrannt. Nur in ein paar alten Männern und Frauen finde ich noch einen Funken jener Menschlichkeit wieder, die so eindringlich und so gelassen war, daß einem schwindlig wurde vor Rührung; es sind Märtyrergesichter, die von uraltem Elend und von jener Weisheit, die das Elend ihnen aufgedrückt hat, gezeichnet sind, aber ich kann niemandem in die Augen sehen, ohne daß er sich sofort unwohl fühlt und Mißtrauen schöpft.

NUR GOTT IST GROSS (ein wunderbarer Überrest des Islam vorn an einem mit Rittergeschichten prächtig bemalten Lieferwagen – der Besitzer heißt MAUGERI –, der den Markt in der Via San Gaetano alle Grotte beliefert). Ein anderer Wagen ist mit der kompletten Geschichte der *Cavalleria rusticana* sowie mit Abbildungen von Sankt Georg und den blutigen Abenteuern und Heldentaten eines gewissen Turi Manacorda bedeckt, der kein geringeres Ansehen genießt als ein Ritter. Gestern war ein sehr arbeitsreicher Tag auf dem Gebiet des Verbrechens in Italien, von Mailand bis nach Catania.

Eine Hochzeit im Dom mit Märschen von Wagner und Mendelssohn-Bartholdy, die Braut mit langer Schleppe, der Bräutigam im Frack, es regnet Reiskörner, und gleich danach, in der Kirche Santa Chiara in der Via Garibaldi, eine Beerdigung; im Sarg ruht »unsere liebe Schwester Giuseppina«, die in den Himmel gekommen ist, und der Priester stimmt für sie an, völlig falsch: »Den Frieden der Heiligen gewähre, o Herr, den wartenden Toten«, mit einer Melodie, die nicht weniger unmöglich ist als der Text. In ganz erbärmlichem Zustand ist das Haus, wo Verga lebte und starb, in der Via Sant'Anna Nummer 8; vom Ende des dunklen Innenhofes, der ein Centro Amministrativo beherbergt, winkt mir eine Frau von einem kleinen Balkon aus zu. Jetzt tragen zwei kräftige Kerle die Giuseppina fort, »in der sicheren Gewißheit«, so hat der Pfarrer gesagt, »daß sie am Jüngsten Tag zusammen mit allen anderen auferstehen wird…«. Die Via Castello Ursino und die Via Transito gehören den Begräbnisunternehmern, darunter ein schönes Geschäft mit erlesenen Särgen aus hellem Holz. Im Kastell dann ein Krankenhaus für Amputierte aus hellenistischer Zeit… Sie bedauern, daß ich mich nicht genug für ihre grausigen Verstümmelungen interessiere… vergeblich versuchen sie, mich aufzuhalten… Ein riesiger Hahn ruht auf den Knien eines enthaupteten Kindes, dem auch noch der rechte Arm fehlt. Die linke Hand streichelt liebevoll den Kopf des Hahnes, dessen Schnabel abgebrochen ist. Der Hahn ist tot. Es ist eine innige Umarmung zwischen Toten. Heute Nacht wird keiner singen.

Der nemeische Löwe liegt, von Herkules besiegt, darnieder. Aber der Held ist fort; neben dem von ihm getöteten Löwen hat er einen Fuß vergessen.

Die Via degli Angeli ist voller Müll und Schutt, aber trotzdem ziehen die Engel sie den schalen Paradiesen vor, die ihnen die menschliche Torheit errichtet hat. Und in der Tat erscheint auch ein göttliches Kind im schwarzen Schulkittel, mit offenem, flammendrotem Haar, wunderschön, leichtfüßig, das mit seinem Ikonenblick alles wiedergutmacht. – Automatikschirme aus Nylon! Heute für nur viertausend! – (Es regnet.) Die Schönheit liebt das Kaputte. Wenn man es liebt und versteht, dann darf das, was zusammenbricht, nicht abgestützt werden; was fällt, muß fallen dürfen, was hinabstürzt, darf nicht auf halbem Wege aufgefangen werden. In Catania ist nur das schön, was in Auflösung begriffen ist.

Ich komme wieder am Dom vorbei: noch eine Hochzeit! Keine Stunde ist vergangen, der Reis von der vorigen Feier knirscht noch unter den Schuhen. Die Leute sind dieselben, auch die Worte, die Musik, alles ... Vielleicht ist es sogar dasselbe Hochzeitspaar, dem es Spaß macht, das Ritual zu wiederholen.

»Zum neunzehnten Jahrestag meiner lieben Gattin.« Hinter der Scheibe sieht mich der wunderbare Kopf eines rothaarigen, weißbärtigen Alten an, eine Rembrandtgestalt; er hebt die Hand zu einem feierlichen Gruß, wie unter Philosophen, und lächelt.

Die Via Crociferi vollführt himmlische akrobatische Übungen ohne Netz an unsichtbaren Trapezen, gleitet aus, faßt im letzten Moment wieder Fuß und wird dort, wo sie abstürzt, von den Engeln aufgefangen und zum ewig schwingenden, in der Luft hängenden Gerät zurückgeführt. In San Benedetto ertönt aus dem Unsichtbaren der Chor der Klausurschwestern, beim Rosenkranz antworten fünf Gläubige aus den Bankreihen, von denen zwei Nonnen sind. Die Fresken Túccaris über meinem Kopf führen immer gewagtere Kunstflüge vor, sie werfen sich ohne

Angst in Räume, die der Glaube gefahrlos macht. Hier ist alles reine Bezauberung, alles ist Ordnung und Schönheit. Bemerkenswert die beiden bronzenen Lampenständer zu beiden Seiten des Altars, seltsame Vögel, die nur für diesen einen Flug geschaffen und dann dort von ihrem Schöpfer abgestellt worden sind. (Weitere Leute sind zum Beten gekommen; ein alter Mann hat sich auf den Fußboden gekniet.) In der Via Manzoni häufen sich die Knöpfe, die Borten, die Bänder, die Goldfäden, die Spitzen, die Fächer, die Brautschleier; an allen Straßenecken stapelt sich der Abfall, frisch und doch schon ganz zersetzt; schon bevor er zu Abfall wurde, enthielt er die Tränen und den Atem der Zersetzung.

Catania. Randazzo. Vizzini

– Die Grundprobleme der Calvinschen Theologie...

Der Höllenlärm, der von der Via Umberto aufsteigt, stört nicht im geringsten die Zuhörer, die mit ihren Notizen beschäftigt sind. Die Calvinismus-Vorlesung wird von einem blühenden jungen Mann gehalten, der volles Vertrauen in das Evangelium zu haben scheint.

– Nach Calvin kontrastiert die menschliche Freiheit mit dem Willen Gottes... Für den Menschen ist die Freiheit nur eine Erinnerung... Rekapitulieren wir: die Erlösung durch Gnade...

– ... ist ganz klar eine christozentrische Konzeption ... aber die sichtbare Kirche ist nicht deckungsgleich mit dem Körper Christi ...

(Der Straßenlärm macht den Weg zur Erlösung immer beschwerlicher; man bekommt Lust, ein bißchen abzuweichen, um Luft zu holen.) Der Redner kann das Wort »Zwingli« nicht aussprechen, er sagt »Ziwingli« (so wie alle Via »Etinea« sagen anstatt »Etnea«). Das Ende des Vortrags wird von fürchterlichem Sirenengeheul aus der Via Umberto begleitet.

Alle haben Züge, Stigmata, die zutiefst materiell sind, doch die Zeichen des Geistes sind in Sizilien noch seltener als anderswo. Auch das edelste Gesicht bleibt in der Sphäre des Materiellen gefangen, kein Hauch von oben durchdringt es, das griechische Erbe ist vollkommen verschwunden.

In der Via Diana singt die Diana zwischen den Abfällen.

Es fehlen ihnen sicherlich nicht die Wurzeln, von denen sie vielmehr im Übermaß haben: sie werden von den zu vielen Wurzeln niedergezogen, während die oberen Zweige kraftlos sind, im Schatten bleiben. Vielleicht ist das der Grund, warum Süditalien so zutiefst bleiern ist: das Licht hat es verlassen; was nicht auf höchste und schmerzliche Weise edel ist, ist noch trauriger und niederträchtiger als anderswo. Ich betrachte die Leute aus den Dörfern in der Nähe des Vulkans, und alle haben sie die Geduld des Esels des heiligen Josef, eine eselhafte Duldsamkeit, die zugleich rührend und irritierend ist.

Die Dörfer rund um den Ätna sind grauenhafte Gewalttakte verrücktgewordener Ingenieure, krätzige Verkrustungen auf erhabenen Hängen. Hier dürfte eigentlich nichts stehen außer Essener-Klöstern. Die Straßennamen spiegeln die geistige Verwirrung wider: Viale Statuto dei Lavoratori, Via D'Annunzio, Via Fratelli Cervi, Via Pola, Via Euripide, Via Parigi … Ein alter Mann zeigt mir durchs Zugfenster einige Pflanzen und nennt ihre Namen im Dialekt … Für ihn ist die Demokratie die Ursache für die Landflucht: unter Mussolini hingegen florierte alles, sogar die Pistazienbäume blühten außer der Zeit.

Auf einmal geht im nächsten Waggon ein Junge auf einen anderen los, mit Fäusten und Krallen kämpfen sie wild miteinander, zum Vergnügen ihrer Kameraden, denen es schließlich gelingt, sie zu trennen. – Jetzt müßt ihr euch küssen! Küssen! – Die Raufer versöhnen sich, weigern sich jedoch, einander zu küssen. Alle haben sie gutmütige und innerlich reine Gesichter; es ist das urbane Umfeld, das kaputt ist – ihre Jugend ist unverdorben. – Aber warum hast du ihn denn angegriffen? – Weil ich keine Angeber mag ...

Randazzo, die Endstation der Circumetnea, ist von unaussprechlicher Häßlichkeit. Ein unförmiges Produkt eines Barbarentums, das von keinem Licht durchbrochen wird, das darauf brennt, die Landschaft zu beleidigen, den Menschen aus seinem Zentrum zu lösen. Eine kriminelle Anhäufung von Zement ... Es ist dieselbe Häßlichkeit wie in Villa Opicina, an der Grenze des Karsts, oder in Muggia, und es gibt keinen Ausweg, kein Heilmittel. Ein grausiger Platz: Piazza San Giovanni Bosco; die Hagiographie der Einheit Italiens ... natürlich fehlt auch nicht eine Via Vittorio Veneto ... Die Altstadt von Randazzo ist menschenleer, ein kleines Städtchen aus traurigem schwarzem Lavastein, wo der Pfarrer Banden von Schülern das bißchen Kunst zeigt, das die Kirche besitzt. In der Auslage eines Lebensmittelladens steht eine verstaubte Kiste mit vier armseligen Ananas ... Ananas am Ätna! Und aus der Erde des Ätna, der berühmten, fruchtbaren: nichts ... Tiroler Äpfel ... Ein geschmackloses Mahnmal für den Frieden: ein buckliger Zwerg mit einer Maschinenpistole und einer Handgranate ... das Motel, die Gewerkschaften, die Fahrschule ... Ein Zipfel EG in einer Nato-Umzäunung: ist das der Ätna? In der Peripherie von Lineri gibt es eine Via Lenin, von einer Trostlosigkeit, die seiner würdig ist. Zu weit ist die Verwüstung durch den Menschen schon vorgedrungen:

der erhabene Vulkan kann sich nur noch rächen, wenn er alles mit reinigender Lava bombardiert.

Mit der Post kam heute meine Uhr, die ich zu Hause vergessen hatte. Sie an meinem Handgelenk zu spüren gibt mir ein Gefühl von Sicherheit: die Stunden vergehen und ich in ihnen, ich habe die Illusion, nicht in einem starren Vakuum zu sein.

Vizzini, 30. April

Ich habe mich ins Postamt geflüchtet, weil es draußen regnet und donnert und ich keinen Schirm dabeihabe. Die sizilianische Landschaft im Regen ist von unerreichbarer Schönheit; der Sonnenschein mindert sie. Scheußliche Orte auf der Durchreise (Lentini, Francofonte), aber Vizzini hat immerhin doch eine gewisse urbane Würde bewahrt, hat ein Gesicht. Der Mann in der Bar, ein aus fernen Kontinenten Heimgekehrter, hält mich für einen Literaten und will daher nicht, daß ich meinen Kaffee bezahle, den er extra für mich auf deutsche Art verdünnt hat. Im Regen, zu den Zeiten, in denen die Straßen verlassen sind, ist Vizzini gespenstisch und rührend. Der Verga-Tourismus hat es verfälscht, aber heute gibt es auf seinen Straßen und Höfen höchstens noch Pilger der Liebe.

Phantasie oder Wirklichkeit, das macht keinen großen Unterschied; so auch bei jenem großartigen Traum aus gelbem, leprösem Stein, aus dem jeder menschliche Laut für immer verschwunden ist, dem Palazzo Rubiera aus dem *Mastro-Don Gesualdo*. Die Beschreibung scheint zu stimmen: »Hohe und niedrige Dächer, Fenster in allen Größen, hier und dort, wie es gerade kam; das herrschaftliche Tor eingeklemmt zwischen Fassaden von Hütten. Das Gebäude erstreckte sich fast über die gesamte Länge der Gasse.« Alle Fenster sind verbarrikadiert, die einzige Öffnung ist ein Gitter im unteren Teil, hinter dem ein höhlenartiger Raum voller Kalk und Maurerwerkzeug liegt; überall sprießt Unkraut. Der Palazzo La Guarna hingegen ist bewohnt; er bricht nicht zusammen, er ist auf würdevolle Weise verwittert. Im Torbogen hängt eine Glühbirne mit einem flachen Lampenschirm. Ein Hausbewohner kommt gerade heraus: – Tja ... La Guarna ... sie sind einfach dahergekommen und haben beschlossen, daß das hier der richtige Palazzo sei ... um Besucher anzulocken ... alles erfunden ... – Es regnet immer noch, und es ist kalt. Glühende Literaturschwärmerei auch in den Straßennamen: Via Ariosto, Cortile Boccaccio, Via Leopardi, Via Giotto, Via Caronte, Via Omero, Via Foscolo, Via Raffaello, Cortile Carducci, Salita Atene ... Die Kirche, mit grasüberwachsenem Vorplatz, wirkt zunächst verlassen, aber auf einmal fängt sie an zu läuten, um zu sagen, daß Gott lebt, während ein Kind einsam im Regen spielt. Von Cunziría aus gesehen, erscheint Vizzini wie ein langer, zerfressener Drache, der den Berg umarmt und sich unter der Regenflut still und unbeweglich häutet. So sehr ist alles vom Regen bedeckt, daß es aussieht, als wäre es schon dunkel geworden.

Der Süden ist das Grab des Kommunismus (Lentini). Hier, wo man an Wunder gewöhnt ist und heftig nach ihnen sucht, betete man sogar einen armseligen Windhund (mehr Hund als Wind) wie Mussolini an und trauert ihm nach, weil er als Wundertäter gilt, als Alleskönner. Es hat keinen Sinn, zu fragen, was für Wunder er eigentlich vollbracht hat; was zählt, ist, daß man sie ihm zutraut. Im Süden wird er noch lange als Zauberer weiterleben, so wie Vergil im Mittelalter.

Via Aradas, nachts. Eine stumme Gasse Catanias, wo alles still ist, während aus der Tiefe der keuchende Atem von Dämonen und Wahnsinn dringt; ein geheimnisvolles Archiv ungreifbarer Greueltaten, eine süditalienische »Blutgasse«, von der die Geschichte nichts weiß. Via del Reclusorio del Lume, noch nie habe ich einen geheimnisvolleren und schöneren Ortsnamen gehört; das »Gefängnis des Lichtes« ist eine Kristallkugel, die wie ein strahlender Stern aussieht und mit dem Öl eines geweihten Olivenbaumes brennt, der nicht aus dem Orient und auch nicht aus dem Abendland kommt ... aber die Straße ist häßlich, halb aufgebrochen, von einer teuflischen Geraden entstellt; dort zu träumen ist unmöglich.

Wer schläft wohl heute nacht in der Pension Gresi in der Via Pacini 28?

Piazza Armerina. Catania. Mascalucía

(Maifeiertag) Es regnet.

KOMMT HIERHER NACH OGNINELLA AN ALLEN SAMSTAGEN JEDEN MONATS GEWÄHRT DIE JUNGFRAU MARIA GROSSZÜGIGE GNADENAKTE UND WUNDER IN ALLER ÖFFENTLICHKEIT WIRD JEDER ENTLARVT WERDEN DER UNGLÄUBIG ODER BÖSWILLIG IST. Die Einladung ist handgeschrieben und hängt über dem Kirchenportal, aber die Kirche ist mit einem großen Riegel verschlossen, wie die Tür der Braut im Hohenlied. Darunter hängt eine ausgeschnittene und aufgeklebte Madonna hinter drei grünen Mineralwasserflaschen, in denen dreizehn rote Nelken dahinwelken. Es gibt auch einen vergilbten Zeitungsausschnitt: *Abmachung zwischen den Bürgern von Catania und der Madonna, Schutzpatronin der Stadt.* (Die Klauseln habe ich nicht gelesen, sie sind bestimmt hart für die Catanier.)

PIO LA TORRE LEBT WEITER IN DEN ARBEITERKÄMPFEN (Tribüne des Ersten Mai). Vor zwei Tagen ist er in Palermo von der Mafia ermordet worden, in den Zeitungen war sein blutiges, zerschossenes Abbild erschienen, und jetzt ist er schon wieder auferstanden und LEBT WEITER IN DEN ARBEITERKÄMPFEN, eine ruhelose Seele.

(Piazza Armerina) Seine romanischen Mosaiken haben nichts Spirituelles an sich. Bewundernswerte Kunstfertigkeit, unendliche Geduld, aber das Ergebnis sind Szenen von großer Materialität und Brutalität, ohne Geheimnis, ohne Alchemie. Eindrucksvoll ist ein Panther, der eine Antilope in den Bauch beißt, während sie mit den Vorderbeinen um sich schlägt wie mit Menschenarmen. Aus dem verletzten Bauch rinnt ein blutiges Bächlein. Die Szene ist zutiefst erotisch (im Sinne des lateinischen *vorare*), mit einem sadistischen Unterton wegen des Blutes. Sie hat eine unglaubliche Ähnlichkeit mit einem menschlichen Paar beim *cunni linctus*: der Huf der Antilope ruht leicht, ja dankbar auf dem Nacken des Panthers, der sie ganz offensichtlich zerfleischt, genau wie die Hand einer Frau bei einem solchen Akt leicht den Kopf des Geliebten streichelt; es ist eine Geste der Zustimmung, kein verzweifeltes Strampeln, um sich loszureißen.

Schrecklich traurig der Anblick der gezähmten Tiere, die alle der Reihe nach vom Menschen gefangengenommen worden sind: zuerst fressen sie sich nur untereinander auf, dann erscheint ein unglaublich grausamer Adam, der sie durchbohrt, ankettet, sie aus der Freiheit der Wüste auf Schiffe zerrt (so zum Beispiel einen riesigen Elefanten, der mit Gewalt in einen schmalen Kahn gezerrt wird), sie am Spieß brät, sie zu seiner Unterhaltung zu schmutzigen Spielen und zum Zerfleischen anderer Menschen zwingt. Und die Tiere gehorchen diesem unreinen Gesicht, das die magische Kraft hat, sie zu terrorisieren. Es ist ein großer Schlachthof, den eine zutiefst geduldige Kunst da geschaffen hat: wenn man sich nur einen Moment lang bewußt wird, daß es ein Schlachthof ist, wird einem sofort übel…

In einem anderen Raum sind die Fische dran, volle Netze, beladene Kähne, reizende Amoretten (sind es denn Amoretten?) fangen sie mit Angelhaken, und alle, große und kleine, landen im Magen des Menschenungeheuers...

Noch ein Symbol für Sexualphagie: eine blonde Frau bedeckt mit einer Hand ihr Geschlecht, mit der anderen zeigt sie auf einen schwarzen Drachen zu ihren Füßen, der den gleichen Rachen hat wie der Wolf bei Perrault. Die mit einem *subligaculum* bekleideten, badenden jungen Mädchen erinnern an Varietétänzerinnen, von denen nie auch nur eine einzige eine anständige Figur hatte.

Während der ganzen Fahrt von Catania nach Piazza Armerina hustete der Bus grauenhafte Musik aus. Zermürbt, nur unzureichend durch die wächsernen Ohrstöpsel abgeschirmt, mit dem brennenden Wunsch zu lesen, beleidigt von der Belagerung, habe ich zwei Stunden lang in meiner Ecke geschmollt. Der Fahrer hatte mir auf meine Bitte, die Musik abzustellen, eine unverschämte Antwort gegeben (die ich hier nicht wiederhole, um einem Verachtungswürdigen nicht noch mehr Platz einzuräumen). Die gleiche Qual auf dem Rückweg. Es wäre besser gewesen, nicht bis zu den Ausgrabungen zu fahren; Piazza Armerina ist viel interessanter, Plätze von großer Schönheit, barocke Apotheose, aber der strömende Regen und die dumme Touristenpflicht, sich den Schloßpark anzusehen, haben mich davon ferngehalten. Die Landschaft mit leeren Feldern im Regen ist bezaubernd wie in Vizzini.

In Catania flüchte ich mich in eine Kirche, wo gerade die vereinfachte Messe gelesen wird. Sie ist entzückend und birgt mich wie die Einbuchtung zwischen zwei Brüsten. Es ist eine arme Kirche; nur was arm ist, ist christlich, und nur was uns birgt, ist menschlich.

»Union christlicher Arbeiter – Katholische Wohlfahrt.« Das ist eine Höhle, in der sieben oder acht hysterische

Spielautomaten stöhnen und zucken, um die sich zwanzig Gestörte heftig streitend drängen.

Aus einem fahrenden Auto rufen sie mir zu: Dichter! Dichter! (O Schande! Es ist mir ins Gesicht geschrieben.)

Der Pfarrer, der in der Kirche psalmodiert hat, stammt aus Venetien; er kommentiert eine Stelle aus Paulus auf vollkommen idiotische Weise.

Peppino Impastato du bist als Partisan gestorben durch die Kugeln der Democrazia Cristiana (Via San Gaetano). Ein Massaker an Erstgeborenen: Für die Arbeiter der Papierfabrik La Rena gibt es kein Ostern. In der Piazza dell'Ogninella flackert im Dunkeln, auf einer verrottenden Mauer, ein Reklameschild aus vergangenen Zeiten: Baden in elektrischem Licht ... (ein weiteres Wunder der Madonna von Ogninella).

In Piazza Armerina trottet gleich ein Hund hinter mir her, ein armseliger rötlicher Mischling auf der Suche nach einer Liebkosung für sein nasses Fell ... – Gehört der Hund Ihnen? Jag ihn weg, jag ihn weg ... – (Der Besitzer mit finsterer Miene, hinter der Kasse seiner schäbigen Bar.) In einem anderen Lokal, wo ich ein Glas heiße Milch mit Cognac trinke, um meine blaugefrorenen Finger an dem Glas zu wärmen, läßt ein Haufen schwarzgekleidetes Gesindel Herz und Verstand in einem türkischen Dampfbad von scheußlicher Musik heißlaufen, zieht den Flipper am Schwanz, verschlingt irgendein ekelhaftes Zeug, schüttet Kaffee in sich hinein, sie können nicht sprechen, wissen nicht, was sie sagen sollen, aber sie sind wenigstens besser als anderswo, denn sie bemerken mich nicht. Vor dem Park mit den Mosaiken ist die Imperial Bar, wo Postkarten und Eis verkauft werden; sie wird von Hunderten von Jugendlichen und alten Leuten belagert, zwischen denen würdige Priester und Nonnen auftauchen; nachdem sie das Labyrinth der Ausgrabungen mit dem Prasseln ihrer

48

Schreie und ihres Gelächters erfüllt haben, konzentrieren sie nun ihre explosive Vitalität auf Eiswaffeln und Souvenirs. Eine endlose Schlange vor den Klos, gierig geschlecktes Eis, sie kaufen Postkarten und Kunstführer mit einer Art Raserei, als hätten sie ein körperliches Bedürfnis danach, sich nicht mehr von den antiken Figuren zu trennen, ihre Wirkung (aber welche?) andauern zu lassen in Zimmern, die krank sind von Lärm und Fernsehstrahlung; alle haben einen schrecklichen Drang danach, sich auffällig zu benehmen, zu schreien, Krach und Dreck zu produzieren. Angereist sind sie in »Cinebussen«, riesigen Wägen mit Fernsehen und *air forced*, in denen das Auge gezwungen ist, auf den Bildschirm zu starren, richtiggehende Gefängnisse mit dunklen Fenstern, Gefängnisse für Augen und Ohren; daß sie sich in der kurzen Pause austoben wollen, ist nur verständlich.

Während ich mich in der in Restauration befindlichen Kirche Santo Stefano mit ihrer zarten Dekoration aufhalte, erscheint wieder das Hündchen von vorhin, das schließlich, bei meiner Abfahrt, traurig und enttäuscht zurückbleiben wird, nach seinen zwei verschmähten Treueangeboten.

Gut gegessen bei Pagano in Catania, gebackene Artischocken, Kartoffelbrei, Ricotta, geriebene Karotten. Ruhiges Ende eines wenig interessanten Tages.

»Lucrezia Paternò Castello dei Principi di Biscari geboren am 11. August 1862 zum Schöpfer zurückgekehrt am 21. Januar 1865 – die Glückliche!« Entzückende, verstaubte Exvotos gibt es in der Vorhalle der Carmine-Kirche. Auf einem gefährlich aussehenden Tisch liegt ausgestreckt ein armer Kerl, umgeben von messerschwingenden Weißkitteln: »Durch Eingreifen der hlg. Jgf. Maria del Carmine Wunder gewirkt an Peluso Salvatore dem die rechte Niere entfernt wurde am 14.4.1953 – Catania.« Eine alte, kleine Benediktinernonne (wunderbar friedliche Atmosphäre, die an die Decke gemalten Figuren bringen mich trotz meiner müden Flügel zum Schweben) ohne einen einzigen Zahn gibt mir ein Bildchen des heiligen Benedikt. Auf der Rückseite steht folgende schmeichelhafte Nachricht: »In deinem Leben hast du der Milde Mosis und der Sanftmut Davids nachgeeifert, der Reinheit Josefs und der Klugheit Jakobs, dem göttlichen Eifer des Propheten Elias und der Wohltätigkeit Elisas…« (Trotzdem, so *mild* wie Moses möchte ich doch nicht sein.)

Der wesentliche und unveränderliche Sinn des Theaters ist, daß es von irgend etwas reinigt. Die verstummten Steinsitze eines griechischen Theaters sind in erster Linie ein riesiger, tönender, halbkreisförmiger Misthaufen. Aus den Bäuchen drangen große Mengen von Luft (der Effekt von zahllosen Kichererbsen, die mit der kathartischen Heftigkeit der aristotelischen Emotionen gekaut worden waren), eine konkrete und richtige Antwort auf die innigen Klagen Hekubas und Atossas. Alle knabberten sie: geröstete Erdnüsse, Kringel, gebratenen Fisch, und schütteten mit warmem Wasser und Honig gemischten Wein in sich hinein, um etwas zu haben, von dem sie sich dann tatsächlich materiell reinigen konnten während der Erschütterung durch die Tragödie, die sich im Mysterium der Körper in Winde, Rülpser und Schreie verwandelte. Ganz sicher war die Aufmerksamkeit nicht besonders groß: die vom Schmerz entstellten, angsterregenden Masken erschütterten für einen kurzen Augenblick die Zuschauer, der Koryphäe, die Musik, der Gott geboten seltene Pausen vollkommener, unwirklicher Stille. Von dieser Art der Katharsis schweigt Aristoteles: aber sie war der Beweis für die andere, die unfehlbare. Und so reichten wenige Augenblicke der religiösen Verzückung durch den Mythos aus, damit sie dort ethisch *gebessert* wieder hinausgingen, damit sie der Stadt weniger abgestumpft und gewalttätig zurückgegeben wurden, mehr ihrer Heimat zugetan und nicht mehr so haßerfüllt gegen ihre Nachbarn? So etwas, und das ist sicher, passiert schon lange nicht mehr. In jedem von uns steckt etwas Totes, und das ist das griechische Theater, dessen unmögliche Wiederauferstehung zu simulieren sinnlos wäre. Die heutigen Regisseure haben zwar verstanden, daß man tiefe, innerste Emotionen schaffen muß, um Psyche aus ihrem Schlaf zu wecken und zu läutern (wenn sie auch durch ihren Atheismus denkbar ungeeignet sind, die Herzen den Göttern zu öffnen): das Resultat ist jedoch mittelmäßig, denn alle unsere Reaktionen sind heute abgeschwächt. Eine kathartische Wirkung kann man allerdings noch durch das Lachen erzielen, das die Theatersäle ausstoßen wie ein Geschenk, ein Mittel zur Läuterung, das den Schauer der Tragödie ersetzt. Echtes Theater sollte heute die Leute dazu bringen, sich *totzulachen*, buchstäblich *in die Hose zu machen*.

WÄHLT MSI SCUSIMANO N. 1 (darunter, mit anderer Handschrift: ODER PEZZIMMEDDA N. 5). Ich denke immer, daß mich irgend jemand auf geheimnisvolle Weise auf meinen Wegen leitet, aber warum bin ich wohl gerade nach Mascalucía gekommen? Ich stehe vor dem Heiligtum der Addolorata, einem schauerlichen Totentuch aus Beton neueren Datums; auf dem Vorplatz findet anläßlich einer Tagung der Basisgemeinden eine Ausstellung von Ölschinken mit religiösen Motiven, Keramikfiguren et cetera statt; im Inneren eines Wohnwagens erkenne ich undeutlich einen Berg schmutziger Teller. Der Ätna ist unsichtbar, er hat sich verächtlich in eine riesige schmutzige Wolke eingeschlossen. Gleich wird es wieder regnen ... Alles ist trist und farblos in Mascalucía: unter einem derart nordischen, kalten Himmel könnte es fast ein flämisches Dorf sein. RADTOUR UM DEN ÄTNA. BARBARISCHER MORD ... Der »barbarische Mord« hat vor drei

Tagen stattgefunden, das zerrissene Papier läßt ihn um Jahre älter wirken.

Im Bus sitzt zwischen fröhlichen, Gitarre spielenden Jugendlichen aus Modica ein unheimlicher Typ mit schwarzer Brille, einem grauen Hut über der Brille, blinkenden Goldzähnen, unrasiert, um die Sechzig, der schrill lacht und von Zeit zu Zeit Sätze vor sich hin brummelt, in denen mehrmals hingebungsvoll der Name Mussolinis aufklingt. Mir wendet er sich mit einem ehrerbietigen Lächeln zu:
– Musiklehrer?

Frenetische Autos, mit Familien beladen. Das Automobil *entwurzelt*; die Familie ist die Wurzel. Die Italiener wollen mitsamt ihren gut verankerten und unausrottbaren Wurzeln den Rausch der automobilen Entwurzelung spüren; sie wollen sich in den Archipeln des Verkehrs und den Wüsten der Autobahnen verlieren, Robinson auf Rädern spielen, während sie fest mit ihren Frauen, Kindern, Müttern, Vätern, Schwägern verschweißt sind.

Im Teatro Sangiorgi gibt es heute abend Striptease. Rauchen verboten, woraufhin natürlich alle rauchen. Der Eingang ist der eines schönen, halbverfallenen Theaters aus der Zeit der Jahrhundertwende, das Innere ein trostloses Kino, wo bereits etwa hundert Männer warten. Aus einem Lautsprecher dringt scheußliche Musik ... Der Eintritt ist teuer: fünftausend ... Ich kritzele irgend etwas in mein Notizbuch, nur um nicht von der Langeweile überwältigt zu werden; das ist dabei herausgekommen: Das Leid der Menschen verlier es nie aus den Augen das Leid der Menschen das Leid der Menschen das Leid der Menschen – sinnlos ist es jedoch in sein Geheimnis dringen zu wollen sein Geheimnis sein Geheimnis sein Geheimnis – denn sein Ursprung liegt auf der anderen Seite des Lebens der anderen Seite des Lebens der anderen Seite des Lebens ... Offensichtlich sind die Frauen noch nicht in den Garderoben, vielleicht haben sie sich beim Essen verspätet, oder aber die Direktion will die Zuschauer absichtlich aushungern, sie zu Tigern machen, die im Käfig auf ihr Fressen warten ... Die Leute schreien schon, vielmehr, sie brüllen; die Direktion hält sie mit musikalischer Ekstase hin. Die Verspätung beträgt bereits dreißig Minuten ... (Ich langweile mich grausam, ich habe gar keine Lust, Körper zu sehen, die sich ausziehen, ich möchte bloß, daß es anfängt, um so bald wie möglich von dieser Plaza de toros zu verschwinden.) Endlich schrillt mehrmals eine Glocke ... der Saal ist dicht besetzt, der Rauch unerträglich, herein kommen zwei Komiker, die eine ganze Weile lang abgeschmackte Unanständigkeiten erzählen ...

Im Laufe von anderthalb Stunden haben sich ganze zwei Frauen ausgezogen, Rosy und Sabina, der Rest der Vorstellung besteht aus verbalen Obszönitäten, die kaum zum Lachen reizen, während die Liebhaber des Perineums es nicht schaffen, sitzen zu bleiben, ständig herumlaufen, auf die Ränge klettern, wieder in die erste Reihe zurückkommen und die Scheinwerferkegel kaum durch die dichte Wolke aus Qualm und Materie dringen. Die Frauen ziehen sich schließlich genau in der Mitte des Laufstegs aus: sobald die letzte Hülle gefallen ist, schieben sie ihren Körpervorsprung nach vorne und bieten in einer kurzen, tantalisierenden Szene, in der sich Freigebigkeit und Berechnung die Waage halten, das heilbringende Symbol den Blicken dar. Der Applaus ist ziemlich spärlich: und tatsächlich ist das ja auch gar kein Schauspiel. Ein paar Alte stehen auf und laufen vor, um der entblätterten Mimin die Hand zu schütteln, nicht aus Erregung, sondern aus Dankbarkeit; zur Belohnung bekommen sie ein mitleidiges Lächeln. Ich gehe, ohne den Rest abzuwarten, während immer neue Leute hereinströmen; wahrscheinlich haben sie gehört, daß die Letzten die Ersten sein werden.

Und auf einmal, nach so langer Ausgeschlossenheit und Armut, gibt es das alles: Frauen beim Ausziehen zusehen, Berge von pornographischem Papier an den Zeitungskiosken, auf Raten gekaufte Autos, die mit zweihundert Stundenkilometern dahinrasen, Kino in Farbe Tag und Nacht zu Hause, jeden Tag Fleisch auf dem Teller, Gruppenreisen zu Michelangelo und zum Papst, Altersrente, kostenlose Arztbehandlungen, die das Leben endlos verlängern, Wohnungen mit hochgradig desinfizierten Bädern und keine einzige Laus mehr, keine Fliege, kein Malariafieber: es war absehbar, daß ein armer Geist so etwas nicht verträgt und davon verdorben wird. Das Tier hat sie in der Hand: langsam gewöhnt es sie an die innere Auflösung, an den Verlust der Schönheit, an die Zerstörung einer tiefen, tragischen Vergangenheit. Während es sie mit Geld überhäuft, sättigt es sie mit Verbrechen. Dem Schlaf, der Abstumpfung entrissen, warten nunmehr die Schlangen des Wahnsinns auf sie. Was früher ein Volk von Verlierern war, von würdevoll Gebeugten, besteht heute aus hoffnungslosen Idioten.

Auf einmal fällt mir der schöne Vers von Cecco* ein:

E vecchie e laide lasserei altrui.
(Und die Alten und die Häßlichen überließe ich den anderen)

Priolo. Augusta

(3. Mai) Priolo, in der Gegend von Augusta. Via Giulio Verne! ERSTER MAI FEST DES FRIEDENS UND DES FORTSCHRITTS. YANKEE GO HOME. ES LEBEN DIE VESPERN ... Eine Küstenlandschaft, die ein einziges ununterbrochenes chemisches Inferno ist. Mit ausgestreckter Hand kann man vom Zug aus, bei einem Gestank, der einem den Hals zuschnürt, die phantastischen Höllengebäude berühren, diese Monumente der faktischen Macht, der wirklich herrschenden Macht. Schiffe in der Bucht, so weit das Auge reicht, voller Petroleum, das am Ufer große, schwärzliche Lachen bildet.

Ein Alter aus Priolo, auf einem Motorrad: – Wir hatten auch schon daran gedacht, alle fortzugehen, so wie die in Marina di Melilli, wegen der Umweltverschmutzung, aber wie denn? Inzwischen sind zu viele Leute gekommen ... Früher gab es hier dreihundert Einwohner, und jetzt sind es dreizehntausend ...

Alles hat sich geändert. Keine Fischerhütten mehr oder ibleische Bienen: eine chemische Stahlstadt, wo die Wohnhäuser Auswüchse der Fabrik sind, ja mehr noch, ihr Atem; ohne all diese Häuschen mit ihren Gärten würde sie in einem Abgrund versinken. Dafür, daß er ihre Existenz vorhergesehen hat, haben sie Verne eine Straße gewidmet ...

Ein Ort ohne Zentrum, ein Aggregat. Dahinter ein verdrängtes Tal mit ein paar übriggebliebenen Olivenbäumen, großen Flecken von gelben Margeriten, einigen Mohnblumen, Bergen von Geröll, die steigende Flut des Nichts. Zarte junge Palmen, frisch gepflanzt, um die Atmosphäre aufzuheitern ... Im Hintergrund die ibleischen Berge, die sehr an die provenzalischen Alpilles erinnern.

Auf der Meerseite ist der Horizont eine ununterbrochene Kette von wogenden Rauchwolken. Es sind Rauchwolken und zugleich eiserne Fesseln für den Geist.

Ich finde den Bürgermeister, er heißt Saverio Calvo, ein Christdemokrat (allerdings sehr wenig christlich, wie er selbst klarstellt), ich unterhalte mich ein wenig mit ihm. Er könnte auch Texaner sein; das, was er verwaltet und was ihn umgibt, ist nicht mehr Sizilien oder Italien, es ist ein Stück anonymes Industriegebiet, das abwechselnd von den Zwillingen »Boom« und »Krise« regiert wird, deren Namen ständig fallen: der eine wird herbeigewünscht, der andere verabscheut und gefürchtet. – Allerdings heiraten hier alle in der Kirche, und im Rione San Focà, eine ganz neue Schöpfung der Industrie, hat der Weiße Erste Mai immer mehr Erfolg, das Fest des heiligen Arbeiters Josef, während die Kommunisten hier immer weniger werden... (Der heilige Arbeiter Josef ist ein Neffe von Boom & Krise, und wenn die Gegend verschwinden sollte, würde er mit ihnen zusammen untergehen.)

Der Raum zwischen den iblëischen Bergen und dem Meer ist zwar derselbe geblieben, aber die Industrie hat ihn mit Hilfe der Alchemie, einer Art negativer Alchemie, in etwas Unbestimmbares umgewandelt, etwas Weites, Unförmiges, gewollt Texanisches oder Australisches, etwas Kontinentales...

Die Auswirkungen des neuen Industrieraumes, der in diesem Teil des östlichen Küstenstreifens den Inselcharakter Siziliens ausgelöscht hat, sind kurios: sie haben einen neuen Menschentypus hervorgebracht. Ihr Blick ist offener geworden, ihr Lächeln freundlicher. Indem sie den Horizont in unterirdische Schatten gehüllt und das Meer gefesselt und verbrannt hat, hat die Industrie auf magische Weise die Menschen von Ängsten, Listen, Andeutungen, dem bösen Blick, angeborener Hinterhältigkeit und jahrhundertealter Sklaverei befreit. In gleichförmigen neuen Gebäuden zusammengezwängt, bricht auf einmal ihre unterdrückte Individualität hervor. Auch der Austausch mit den norditalienischen Gastarbeitern, die die Anlagen gebaut haben, hat sich positiv ausgewirkt: eine Injektion von Ordnungskraft in diese ungefügige Vitalität, ein spermatischer Peitschenhieb für die Faulheit … In den Gesichtern sieht man nicht jene Zeichen inneren Verfalls, die man sonst im Süden und auch bei den nach Norditalien ausgewanderten Süditalienern bemerkt; etwas wirklich Bemerkenswertes hat hier stattgefunden, und zu dieser Verwandlung hat wohl auch, innen im Ärmel des Großen Zauberers, der neuartige Zusammenhalt der gewerkschaftlichen Vertreter und der verschiedenen Klassen beigetragen – alle gemeinsam sitzen sie auf der dialektischen Wippe von Boom & Krise, dem einzig übriggebliebenen Spielzeug. Dort, wo der Konsumwahn und lediglich die Auswirkungen der industriellen Umwandlung auf eine traditionell orientierte Umwelt treffen, ruinieren sie diese schlimmer als den Professor Unrat, machen sie eine abstoßende Marionette aus ihr, die von verzweifelter Gewalttätigkeit strotzt; wo jedoch die Industrie mit ihrer großartigen Präsenz die Umgebung der Menschen bestimmt – die Mauern der Stahlstadt, das künstliche Leben von Coal City –, dort öffnen sich in dem schlafenden Antlitz der Menschen die Lider, ihr Ausdruck bekommt mehr Würde und verliert seine mediterrane *pourriture*, seine Schläfrigkeit und seine Bauernschläue, den blinden Gehorsam einer unerbittlichen Tradition gegenüber. Das Mysterium des menschlichen Gleichgewichts … Die Erinnerung an den alten Schlafzustand der Insel muß so schrecklich sein, daß die Vorstellung, der Drache aus dem Erdinneren könne aufgeben, schließen, verschwinden, für sie unerträglich ist. Der Götze hat sie in der Hand, und der heilige Arbeiter Josef

oder auch der getarnte Wählerstimmensammler der Raffinerie und der Petrolchemie sind seine Hüter. Doch die Tragik der Existenz verzeiht nichts: der traditionelle Lebensraum gewährte jedem Menschenleben eine kurzbemessene
Zeit, die in Harmonie mit den Himmelswegen und den
Sternzeichen stand: die Milch war Milch, der selbstgefan-
gene Fisch enthielt kein Quecksilber, die Krustentiere
verbargen noch nicht die Pest von Minamata*; der neue Lebensraum taucht ihre Lungen ins Gift, zeichnet die dunklen Karten des durch die Umweltverschmutzung verur-
sachten Krebses, ersetzt die über Feigenkakteen hängende
Hütte durch den Betonblock, der auf Booms Eierschale
drückt, die wiederum von dem Zwillingsbruder Krise ständig weiter ausgehöhlt wird. Die Augen, denen der Anblick
des Himmels genommen ist, füllen sich in diesem Raum,
der ihn materiell und auch innerlich negiert, mit Erde; die
archaische Opazität wird durch ein vergiftetes Erwachen
ersetzt. Der Käfig ringsherum ist entsetzlich. Um in der
Erinnerung seinen Anblick zu ertragen, muß ich mir dau-
ernd das befreiende Halbrund eines griechischen Theaters
vor Augen halten. Wer sich dort drin, mit geöffneten Augen, Bücher gekauft hat, wird sich vielleicht in seinem
Zimmer archäologische Ansichten aufhängen, um mit den
vom neuen Industrieraum aufgerissenen Augen von verlorenen archaischen Räumen zu träumen.

Auf dem Überlandbus nach Augusta unterhalten sich
sehr ernsthafte Jungen, die aus Syrakus zurückkommen,
über technische Fragen: Sinuskurven ... Abszisse ... die
Achse ... der Radius ... Gewissenhaft bereiten sie sich darauf vor, vom Drachen verschlungen zu werden; ja, eigentlich lernen sie schon in seinem Bauch. Aber wie kann etwas
gut sein, was so häßlich ist?

Von der Altstadt aus, in der Nähe des Gefängnisses (ge-
schlossen und menschenleer: ein modernes Gefängnis, das

zu dem übrigen paßt, befindet sich gerade im Bau), hat man einen wunderbaren Blick über die Bucht, ein Schauspiel von seltener und geheimnisvoller chthonischer Kraft... Kriegsschiffe auf der Reede, Tanker, seltsame Schiffe, bizarre Schiffe, rauchende Türme, Silokuppeln, gehäutete Hügel, die auf neue Anlagen warten, das gigantische Vordringen des neuen Teils einer uferlosen Stadt ohne Form und ohne Zentrum... WILLKOMMEN IN DER EUROPA-STADT AUGUSTA; tatsächlich ist das nicht mehr Sizilien und auch nicht Italien, es ist die EG, das Land der Heimatlosen, der Entwurzelten... BAR 2000... MARKET BARBER SHOP SALONE STYLING FOR MAN GIRARROSTO EXPRESS GAME OVER BABY SHOP DISCOUNT PARADISO CENTRO SPORT SCOZZESE MANHATTAN BAR CHEZ JEANNETTE... Die Festlichkeiten für den heiligen Arbeiter Josef erstrecken sich über mehrere Tage: 2. MAI GLOCKENLÄUTEN UND BÖLLERSCHIESSEN. AM 9. MAI BEI DER RÜCKKUNFT DER PROZESSION WIRD EIN HEIRATSLEGAT IM WERT VON FÜNFZIGTAUSEND LIRE ZUGUNSTEN EINES WAISENKINDES VERLOST GESTIFTET VON FRANCESCO SARACENO. (Fünfzigtausend Lire sind ein sehr knausriges Almosen hier, wo das Leben so teuer ist: die Sparsamkeit ist noch ein Überrest aus vergangenen Zeiten.)

Auch hier sind die Einwohner umgemodelt worden, und die letzten Zipfel der Altstadt sind dabei, zu verschwinden, dem neuen Raum zu weichen. Ein Hauch von Bildung liegt in der Luft, von leidenschaftlicher Alphabetisierung... Sie wirken wie frisch Operierte, als wären sie wiedergeboren nach einem neurochirurgischen Eingriff, der die Persönlichkeit verändert (so zerbrechlich... so »Anatta«, buddhistisch gesehen... Nicht-Ich, Nicht-Ich). In Wirklichkeit ist das Manhattan nicht nur eine Bar; es ist ein Teil der lobotomisierten Seelen, der vom Wind aus dem Untergrund gepeitschten und freigeblasenen Gesichter. Die Kinder sind rosig von der Motorenmilch: welch eine Schande für die

Kuh, das Schaf, die sie blaß gemacht und ihnen Typhus und Malaria beschert hatten! Obwohl ich mit niemandem spreche, scheint mir, daß mit diesen Verwandelten eine Kommunikation möglich sein könnte; mich bedrückt allerdings die Vorstellung, daß sie womöglich nicht echt sind, daß sie sich bei der ersten Berührung auflösen, Schatten des Petroleums, Konfetti aus Manhattan ...

Der Mönch von Stilo* schreibt:

> Jedes Ding wird schön oder häßlich genannt,
> Insofern es das Gute oder das Böse darstellt.
> Jedes Ding wird schlecht oder gut genannt,
> Insofern es verursacht, vorbereitet oder fördert
> Unsterbliches Leben oder Tod, teilweise oder ganz.

Der Po

Seiner Geburt in einem dunklen, schneebedeckten Ärmel habe ich zugesehen, *por entre una quebrada de la sierra*, einer richtigen Vulva aus schwarzem Fels, und die Schneeschmelze gibt ihm sofort Auftrieb und läßt ihn stark wie einen Chiron werden. Der Po ist heilig, er ist der Vater-Fluß Italiens, und er ist auch ein Bildnis für den leidenden Christus durch die Art und Weise, wie er das Schlechte, das ihm auf seiner langen Reise begegnet, auf sich nimmt. Die Reinheit seines Ursprungs ist absolut und transzendent: jene Höhlung hat Verbindung zu den Höheren Wassern, und dort nimmt, mit Kleidern aus geschmolzenem Schnee, der Himmlische Abgesandte den Zustand des Flüssigen an und beginnt, nach der prähistorischen Unterbrechung, seine Reise durch die Greueltaten der Menschen. Alles, was unrein ist, wird von diesem Wasser angezogen werden, das bereit ist, zu leiden wie ein Märtyrer aus Fleisch und Blut, und jedes Jahrhundert wird ihm sein Leid anvertrauen und ein Stück seiner eigenen Vernichtung, seiner gefallenen Türme. Sein ganzes bisheriges Leiden ist jedoch nichts im Vergleich zu den Angriffen der Industrie, seit sich der Mensch, der mit dem Fluß gelitten und sich an seinem Schmerz wiederaufgerichtet hatte, von seinen Ufern zurückzog und sie zur Ausnützung und Plünderung den Maschinen überließ, den wispernden chthonischen Burgen eines Kraftwerks. Wie weit darf solch ein erhabenes und heimliches Bedürfnis, die Schuld der anderen auf sich zu nehmen, gehen? Der Gott Eridanus ist eine oberflächliche Figur; ein lebendiges, fühlendes Glied des geopferten Wortes zu sein, eines Logos, der zu Wasser wird, bedeutet viel mehr und ist ein aktuelleres Bild: die Götter verschwinden, das Leiden bleibt, und das unermeßliche metaphysische Leid läßt das Böse erträglicher werden, nicht so sehr, weil es geteilt wird, sondern durch die Bedeutung, die es dadurch erlangt. Ich sehe den Felseinschnitt, aus dem er entspringt, aber die wirkliche Mündung der großen Flüsse, die den Menschen durchqueren, bleibt im dunkeln. Die geographische Mündung ist rein symbolisch: viele Münder, die dazu dienen, die Masse des mitgeschwemmten Übels in einer unhörbaren Litanei des Schmerzes an mehreren Stellen herauszuspeien. Um Italien zu verstehen, muß man den Po verstehen, denn er gehört dem Land ganz und ist der einzige planetarische Fluß Italiens; in Amerika wäre er einer der vielen Tennessees, aber hier ist er eine Ausnahme; im übrigen Europa ist er nicht der einzige, aber hier ist er eine königliche Einsamkeit, die zu einem Fluß wird. Wenn wir kein Volk wären, das seine Toten eingräbt, wären seine Ufer voller Bestattungsfeuer, sein Wasser voller menschlicher Asche. Die Arier Indiens hätten einen reinigenden Ganges daraus gemacht, aber die Kirchtürme, die zu Tausenden seine Ufer säumen, drücken ebenfalls ein tief religiöses Gefühl aus, die Unmöglichkeit, ihn nicht bei der Ausübung bestimmter Opferrituale in der Nähe zu wissen, und bestimmt ist eine Messe in den Dörfern der Poebene keine Messe wie jede andere und der Klang der Glocken in diesen Nebeln einladender und tröstlicher als anderswo.

Der heutige Tag läßt sich günstig an: der Monviso hat die krude Reinheit einer Schürfwunde, und der Piano del Re ist nicht allzusehr von Reisegruppen verschandelt. Heute ist eine Schulklasse da, die eine wissenschaftliche Predigt über sich ergehen läßt. Kommt zu mir, Kinder, hört nicht hin, laßt mich euch sagen, was der Po ist: er ist ein »Schmerzensmann«, ein Lichtgott, der dort hinunterfließt, um sich wie ein Heiliger zwischen den Fiebern, den blutigen Verbänden, den Delirien zu prostituieren; Licht und Freude zu verteilen und nichts dafür zu bekommen als Exkremente … Und er entspringt auch gar nicht hier am Monviso, sondern viel weiter weg, er kommt aus dem Osten, und der Osten ist keine Himmelsrichtung, er ist ein verborgener Angelpunkt, kein verbrecherisches Asien, wo sich fanatische Horden gegenseitig verschlingen, er ist ein offenes Schlupfloch in der unendlichen Rippe Gottes, durch das Licht dringt, ohne je wirklich hervorzudringen. Und das Licht leuchtet im Dunkeln, und die Dunkelheit kann es nicht fassen. Wir sind der Westen, aber dieses Wasser, das ihr hier seht, dieser riesige Fluß, über den ihr mit einem Satz springen könnt, ist der Osten.

Während ich zu Fuß hinabsteige, ganz dicht neben dem Po, der seinem erhabenen Schicksal als Kloake entgegenströmt, lausche ich seiner Stimme und sage dabei das Gedicht von Mallarmé »De l'éternel azur la sereine ironie« auf. Hier hat es viel mehr Sinn und Kraft als zwischen den Büchern und den Ausdünstungen der Städte.

Venedig. Padua. Insel San Michele

Venedig, 25. September. E. V. ECOLOGISTAS VIOLENTOS BRAZO ARMADO ESPAÑA 1982. EIN ULTIMATUM AN IS-RAEL. Es ist ein Uhr nachmittags, Venedig ist ein einziger riesiger Bauch, eine Kauwerkstatt. Ich verbringe ein paar Stunden im Café Florian mit der Korrektur von Fahnen, nachdem ich mich mit einem Kaffee geohrfeigt habe, um nicht dem Schlaf zu erliegen. Eine stattliche ausländische Virago mit großen, irren Augen an einem Nebentisch fragt mich aus: – Sind Sie Schriftsteller? Was schreiben Sie denn? – Das ist genau die richtige Frage, darauf wird sie nie eine Antwort bekommen. – Sind Sie Ungar? – (Alles, was ich von Ungarn kenne, ist *Violino tzigano* von Bixio). Ich bitte Sie, mich in Ruhe arbeiten zu lassen: darauf wendet sie sich jemand anders zu. Als ich gehe, schneidet sie mir zum Ab-schied eine Grimasse, zutiefst erbost. Wahrscheinlich eine Donau-Hexe. Während des wunderbar milden Abends ar-beite ich noch lange weiter auf den Stufen der Kirche Santa Maria Formosa, umgeben von Kinderstimmen (endlich Stimmen, nur in Venedig gibt es die menschliche Stimme noch)! Sobald es dunkel wird, sind schon wieder alle beim Essen … Auch hier bin ich gezwungen, äußerst schlecht zu essen, übles Zeug mit einem Haufen Salz, aber wenigstens ist es billig. DAS ITALIENISCHE JUDO KANN DER SCHULE HELFEN (am besten, indem es ihr einen Tritt gibt und sie in den Kanal wirft). Mit dem Nachtzug kehre ich nach Padua zurück: es wimmelt von Arabern, die allem, was sie anfas-sen, den Stempel des Chaos aufdrücken, den degenerierten Hauch des Mediterranen.

Die Hände berühren den schwarzen Marmor, der den Hei-ligen umschließt, und zucken magnetisiert zurück wie nach einem mesmerischen Bad. Die Basilika des Heiligen von Padua ist phantastischer, gangetischer Orient. Eine funkelnde Hochzeitszeremonie zwischen makaberstem und engelsüchtigem Barock, ins Blut des Mittelalters getaucht. Sehr viel bewegte Theophagie und einzigartige Effekte wie auf einer Piazza, auf der, eins nach dem anderen, mehrere Dinge ablaufen: auch eine Militärparade in historischen Kostümen könnte hier stattfinden, mit dem Herzog von Olivares, Wallenstein, Bonaparte, Insignien über Insignien, unter kontinuierlicher Abnützung des Antonioschen Marmors durch darüberlaufende Füße. Draußen tritt man auf die Tauben; sie bedecken die Statue Gattamelatas* wie Laub. Gegenüber das »Haus der Juristen«, wo Donatello gelebt hat.

Auf der Insel San Michele, auf dem protestantischen Friedhof, der großartig ist, ergreifend, lieblich, grün, verfallen, ist unter einem kleinen Beet mit Efeu, Gräsern und Blümchen Ezra Pound begraben. Seine Verscollagen haben mir noch nie gefallen, deshalb grüße ich ihn auch nicht.

Bewundernswert ist die Bezeichnung »Venetischer Patrizier«: sie drückt ganz allein vollkommenen Adel aus, unnachahmliche Distinktion. Sie gebietet sogar dem Totenreich Respekt.

Ich schreibe eine ungarische Grabinschrift ab. Giorgio Földes hat sie mir übersetzt. Sie lautet: »Hier ruht / Luigi Ràcz Szabò / Vize-Richter des Ungarischen Reiches / 1847–1893 / Daß das ewige Licht der Liebe / seiner teuren Asche / die fremde Erde leicht mache.«

TRÄUME PELUCCHI TERESA
TRÄUME ARTURO
TRÄUME ALBERTO

(*La vida es sueño*)

Cesare und Carlo Nordio, gestorben 1929: »Ihr irdisches Leben ist auf tragische Weise in der Lagune untergegangen / Ihre Seelen haben den himmlischen Hafen erreicht.«

Im griechischen Friedhof ist der große Diaghilew begraben, 1872–1929. Auf seinem Grab hat jemand zwei einzelne Ballettschuhe niedergelegt, einen weißen und einen schwarzen, und eine weiße Nelke mit ein paar Kieselsteinen.

Und da ist Igor Strawinsky, unter der schlichten Grabplatte von Manzú ... Daneben ein frischer Erdhaufen, auf dem die Blumen bereits verfaulen. Vor einer Woche haben sie sie aus New York geholt, Wera Astarowna Strawinsky, gestorben im Alter von dreiundneunzig Jahren. Ein Photograph nähert sich mir und bittet mich, Blumen für Wera Astarowna auf das Grab zu legen (er hat extra dafür drei kleine rosa Gladiolen gekauft), damit seine Agentur in Mailand über Bilder mit der Unterschrift »Ein Freund legt Blumen auf Wera Strawinskys Grab nieder« verfügt ... Warum auch nicht? Ich bin gern dazu bereit ... Ich werfe die drei Blümchen, hebe sie wieder auf, verteile sie wieder auf dem Grab, ordentlich, beliebig, während der Photograph mehrmals knipst. So komme ich nach Amerika, nach Australien ... »Igor Strawinsky und seiner Frau Wera zutiefst ergeben bis ans Grab und darüber hinaus...« Dabei ist an diesem Bild alles Lüge ... Wera Astarowna ist mir vollkommen gleichgültig. Auch wenn sie noch am Leben wäre, hätte ich ihr niemals eine Blume gebracht. Die Musik Strawinskys scheint mir bestens geeignet als Begleitung für einen Flohzirkus. Ich war rein zufällig dort vorbeigekommen. Ich wußte nicht einmal, daß er in Venedig begraben ist. Ich hänge an anderen Erinnerungen.

Im Campo de la Gate erinnert ein baufälliges kleines Haus daran, daß sich dort »die traurige, leidenschaftliche Jugend Ugo Foscolos« abgespielt hat, »... er lebte für die

Literatur, für die Waffen, für Italien...« (da gibt es alles: die Traurigkeit, die Leidenschaft und dann die Literatur, die Waffen, Italien, genau das Leben, das ich gern gelebt hätte; statt dessen schreibe ich ein Epigraph ab). Heute heißen die Bewohner dieses Hauses alle Sassetto.

Es lebe die bewaffnete Freude.

Auf dem Markusplatz spielt die Kapelle der Gebirgsjäger unter Beifall die Nationalhymne; der Platz dampft von Bläsern. Es ist offensichtlich, daß sie nach Venedig kommen, wo das Sterben schön ist, um zu vergessen, daß sie sterben müssen: ein oder zwei Tage lang schenkt Venedig ihnen im Tausch gegen ununterbrochene Geldgeschenke das ersehnte Vergessen. Neben der Militärkapelle auch die Kaffeehausorchester... Afrikaner und Japaner mit monströsen Transistorradios verbreiten wieder andere Musik. Die Klosettfrau im Café Florian sitzt neben dem Tellerchen für das Trinkgeld und hört neapolitanische Lieder. Die Trommelschläge der Militärmusiker bringen meine Halsschlagader zum Platzen.

> Et dans l'étourdissante et lumineuse orgie
> Des clairons, du soleil, des cris et du tambour,

gefällt es mir trotz allem nicht übel. Von Zeit zu Zeit bröckelt ein dickes Stück von diesem bunten Ameisenhaufen ab und wird auf eine Fähre geschoben, die zum Bahnhof fährt; dort hebt ein Kran es hoch und lädt es auf einen Zug, wo es ungerührt weiterkaut.

27. September, 2. Tag von Kippur

Die aschkenasische Synagoge von Cannaregio ist spärlich besucht. Etwa zwanzig weiße Mäntel antworten den oben stehenden Vorbetern. Die Stimmen wirken zerstreut, ungeordnet, wie die von Betrunkenen; sie steigen zum

Himmel auf, irren auf der Erde herum wie die Lichter von Zekharías Leuchter, brechen erschöpft auf dem Fußboden zusammen, erstehen wieder auf ... Kinder laufen herum, scheren sich nicht um den Ritus, und dieser duldet sie ohne weiteres, gerät nicht durcheinander. Wer hereinkommt, küßt und wird geküßt. Das Ganze wirkt wie ein absterbendes Fest, das sich stoßweise immer wieder belebt und aus irgendeinem improvisierten Grund wieder in Schwung kommt. Wie Ausflügler in einer venetischen Osteria, die bei Sonnenuntergang gemeinsam ein Lied auf hebräisch anstimmen, aber der rituelle tänzerische Rhythmus zeichnet die Buchstaben eines heiligen Alphabets in die Luft, die einen Augenblick lang, bevor sie sich auflösen, aufleuchten. Die Galerie ist ganz hoch oben, und wie aus Mansarden für Zwerge ragen dort die Köpfe der Frauen hervor und ihre Hände, die die Bücher festhalten, ohne sie zu öffnen. Geflüster auf venezianisch und Jeremiaden auf hebräisch: das ist echtes Venedig und zweifellos zugleich auch Orient. Und diese Mischung von Tönen, die nach und nach Verzeihung *schaffen*, bis sie zur Gewißheit wird, verändert sich, ohne je aufzuhören ...

Den Schofar jedoch erwarte ich gegenüber, in der viel volleren, stolzen sephardischen Synagoge. Hier stehen sich Männer und Frauen von Angesicht zu Angesicht gegenüber, und in der Bewegung vermischen sie sich ein wenig; die Kinder, egal, ob Jungen oder Mädchen, haben freien Zugang zu beiden Seiten. Unter den Frauen gibt es ein paar großartige, majestätische Schönheiten. (Eine davon läuft in ganz engen rosa Hosen herum, mit vielen Ketten behängt: Jesaja hätte sie unter Verwünschungen aus dem Tempel gejagt ... aber auch Rabbi Morteira aus Amsterdam ...) Die Buben spielen mit ihren Gebetsschals, werfen sie sich über, wedeln damit herum und lassen sie wieder fallen, während die Sprache der Sänger von Zeit zu

Zeit klangvoller und mächtiger wird, dann wieder langsamer wird, als wiege sie ein Wurfgeschoß in der Hand (ein Röcheln, ein Aufblitzen), dann wieder schwingt wie ein ungleichmäßiges Pendel, dessen Schläge nicht mit dem normalen Zeitmaß übereinstimmen. Eine Art von Heiligkeit, die es sich erlaubt, unordentlich zu sein, unaufmerksam, ja sogar zu gähnen, kann sich gewiß sein, immer funktionieren zu können, nimmt Unfehlbarkeit in Anspruch, so wie ein großer Künstler, der mit unendlicher Nachlässigkeit arbeitet – in Wirklichkeit, weil er sich der Kraft seiner eigenen Mittel bewußt ist, ἐν ἀσφαλεία.

Bei den Frauen überwiegt der venetische Typus, bei den Männern der levantinische; alle kommen von weit her. Aber ich möchte sie von Rembrandt eingekleidet sehen und in seinem Licht; mit dem Verlust der Gebräuche des Gettos, der Farben und dem Schmutz der Gewänder ist auch viel Licht verlorengegangen.

Nun lassen sich weiße Schmetterlinge auf den Häuptern der Familien nieder, und bald wird, durch die Kraft des Segens, den einflußreiche Münder ausgesprochen haben, die göttliche Ruach zu ihren Juden herabsteigen und sich mit ihrem vom Fasten unerträglich gewordenen Atem vermischen. Ein junger Mann mit kräftigen Lungen und einem blauen Hemd, der wie bei einem Überfall im Hintergrund wartet, hat die Aufgabe, das Horn zu blasen.

Das Horn ist ertönt, schrecklich und auferweckend, und sogleich packen alle Süßigkeiten aus und beißen zu, die Konditorei füllt sich mit Leuten, die essen und trinken, ein alter Drechsler, sicherlich ein Christ, hat die ganze Zeit nie aufgehört, an seiner Drehbank zu arbeiten, aus den Fenstern der hellerleuchteten Häuser des Gettos grüßen die Frauen herunter.

San Nicola am Lido

Wie findet man zwischen den unendlich vielen hier ge-
strandeten Grabsteinen des jüdischen Friedhofs von San
Nicola am Lido den mit der Inschrift wieder, die der Lite-
rat Leon da Modena, gestorben am 21. März 1648, für sich
selbst schrieb? Eine Übersetzung, die angefertigt wurde,
als man ihn entdeckte, lautet: »Worte des Toten: Vier Ellen
Erde in dieser Einfriedung wurden als Besitz für die Ewigkeit von oben gekauft für GIUDA LEONE DA MODENA. Sei
ihm gnädig, o Herr, und gib ihm Frieden. Er starb am Sab-
bat, den 27. Adar 5408.« Das wörtliche »von oben« ist sicherlich als »vom Höchsten« (*El 'elyòn*, Gen. 14, 18–20)
zu verstehen, denn nur so erhält der Text seine ganze metaphysische Bedeutung. Die Absolute Transzendenz *kauft*
für ihren frommen venezianischen Juden, Autor bestimmter unlesbarer Werke, eine Wohnung für die Ewigkeit mit
der gleichen Autorität, mit der sie Jakob die Erde von Ka-
naan schenkt. Dieses Grab befindet sich daher nur für die
Profanen in Venedig: in Wirklichkeit ist es ein *Teil von Jerusalem*; der Tote sagt es zwar nicht ausdrücklich, gibt es aber
all denen deutlich zu verstehen, die wissen, daß der All-
mächtige für die Seinen nur Philistererde kauft. Es war
nicht nötig, den Leichnam auf eine gefährliche Schiffsreise
zu schicken, denn Gott kann aus jeder beliebigen Elle La-
gunenerde ein vollkommenes Judäa machen. Die Inschrift
mag unbescheiden und maßlos erscheinen, ein Indiz für
grenzenlosen Geiz: in Wirklichkeit ist sie einfach einer Tradition *treu*.

Der Friedhof ist voller *Bilder*, denn auf jedem Grabstein
gibt es ein Wappen: »Hier ruht SABA SALOM / er starb am
20. April 1755 / er wurde in das Haus der Signori Gentili
aufgenommen mit 60 Jahren.« Hier und da flüchtet eine

aufgestörte Schlange sich in die Ritzen; im Laub verborgene Amseln flattern hoch. AQUI YAZ MOSE HAI HAMIS DE FONSECA FALLECEO EN ZHESVA ... 1840 ... TEVED DMCCCLXXVI ... HIER RUHT DER KÖRPER DES FROMMEN ... SEDRICCA GATTIN DES MOISE PAPO WURDE AM 4. OKTOBER 416 AUF DEN FRIEDHOF ÜBERFÜHRT ... So viele verstreute Speichen eines einzigen Rades ...

Auf dem neuen Friedhof sind fast alle Grabinschriften auf italienisch. Auf einem ist eine Geschichte aufbewahrt: »Giorgio Polacco Sohn des Giulio geboren am 29. Januar 1909 IST IN EINEM MYSTERIUM DAS NUR GOTT KENNT AM 14. JANUAR 1926 GESTORBEN – Diese armselige Hülle holten wir am Abend des 25. Februar 1926 heim dem Allmächtigen ein Opfer uns ein Martyrium – der Vater und die Brüder.«

ES LEBE GOTT (auf dem Campo San Grisostomo).

Mit der abendlichen Brise kommen auch die Rauchwolken aus Marghera. Inmitten einer unglaublichen Flut von Fressern in der »Madonna« gegessen, Pasta mit Bohnen, und dann nichts wie weg, ich fühlte mich wie in einer Falle für ahnungslose Mäuse, eingekeilt zwischen Rauch, Gelächter, Musikgeplärr, Lauten barbarischer Sprachen – eine Kostprobe des Begrabenseins, mit der Welt über einem, die lacht, lacht, lacht ... Zwanzig oder dreißig in ihrer Abgestumpftheit erstickte Brasilianer tanzen und singen in ihrer widerlichen Sprache vor dem Bahnhof. Viele Füße, keiner ohne Geruch. Ein gräßlicher Einäugiger mit einem Stock starrt mich an, bestimmt, um mir den bösen Blick anzuhängen. Ich schneide ihm im Geist und in der Wirklichkeit obszöne Grimassen.

Ich wünsche mir einen Anlaß zum Weinen, um mir zu beweisen, daß ich noch uneigennützige Tränen besitze. Eines der traurigsten Leben war das von Ibn Hazm von Córdoba, der keine Tränen hatte.

Das *Gewitter*

Lange und ohne sich um die Zeit zu kümmern, das *Gewitter* von Giorgione betrachten und zulassen, daß das Bild sich zeigt, wenn es will, daß es nicht passiv bleibt, daß es auf den Zuschauer *wirkt*.

Der Himmel hat mehr von einer ruhigen, dämmernden Nacht als von einer stürmischen; der Blitz kommt gewiß nicht aus einem aufgewühlten Himmel; hier ist alles starr. Aber vielleicht ist es doch wahr: der Sturm ist im Kommen. Die rundliche Frau bleibt ungerührt; nackt, nur gerade die Schultern mit weißer Gaze bedeckt, stillt sie weiter ihr Kind. Keine Spur von christlicher Religiosität oder christlicher Denkart: diese stillende Frau ist nicht die Jungfrau Maria. Wenn auch vielleicht eine Zigeunerin Modell stand, wie man annimmt, so hat es doch eine tiefere Bedeutung, daß eine Nomadin dazu ausgewählt wurde, das ewige *Sein* darzustellen, die universale »Nicht-Bewegung«. Den Mann mit dem Stab könnte man wie den protojesajanischen Wächter fragen: – Wächter, wie weit ist die Nacht? – Kann man hier von *humanistischer* Malerei sprechen? Sicherlich ist der Mensch hier nicht das Zentrum. Wo, worin liegt also das Zentrum? Es ist eine Vision des reglosen Unendlichen, das Zentrum ist eine Myriade; der Künstler läßt von seinem eigenen verborgenen Magneten, den er sicherlich besitzt und der ihn anzieht, nichts merken. Es handelt sich um eine Darstellung, die äußerst schwer zu verstehen ist aufgrund des absoluten Fehlens von Tragik, Bewegung, Angst, von menschlicher Wirklichkeit und Geduld, von Wort und Klang (es ist ein Logos, der nicht spricht, der *bedeutet*, ohne zu sagen), von barocker Tiefe. In den Falten der Rembrandtschen Gewänder nistet die ganze Menschheit mit ihren ewigwährenden Dramen; je karger das Licht auf der Leinwand ist, desto stärker ist die Erleuchtung, die dieses sensible Dunkel ausstrahlt; die Stille des *Gewitters* breitet sich immer mehr aus, je länger man es betrachtet, man empfindet Unbehagen angesichts dieses Geheimnisses ohne Schatten.

Die künstlerische Ökonomie hat nur einen Blitz erlaubt, aber man könnte sich mehrere davon vorstellen: keiner von ihnen ist angsterregend. Dieses Fehlen von Angst im *Gewitter* könnte ein Schlüssel sein. Mögen auch die Blitze zucken, mag die Welt durcheinandergeraten (all das, was sich außerhalb der Darstellung befindet), die hier prophezeite Essenz wird unverändert bleiben. Und *ich*, sagt der Künstler mit einem mystischen Bangen, von dem uns nichts überliefert ist (man muß raten, man muß vor allem glauben), *bin die Essenz.*

Die beiden abgebrochenen Säulen sind kein Symbol für Vergänglichkeit und noch weniger für die Zeit. In der zeitlosen Ganzheit der Essenz besteht gerade in ihrem So-Sein ihr überragender Grad der Vervollkommnung; nicht weniger zerbrochen oder weniger ganz als die Säulen sind die Häuser des Dorfes, dessen Einwohner sich nicht zeigen: eine schmale, aber solide Brücke verbindet bedeutsamerweise die irreale Stadt der Lebendigen mit den toten Ruinen und bildet mit dem Mann und der Zigeunerin, dem Blitz und der Nacht eine hohe und extreme Einsamkeit, eine nicht emotive monistische Spekulation. (Wer wird schon *gerührt*, wer hat sich je rühren lassen vom *Gewitter*?)

Es sagt: Auch ich, das *Gewitter* von Giorgione, werde verschwinden, die Häuser werden verschwinden, das Museum, Venedig, aber es wird ein falsches Verschwinden sein, so wie mein Erscheinen, hier, vor euren erstaunten Augen, größtenteils bar jeden Lichtes, jeglichen spekulativen Funkens, nur ein falsches Erscheinen gewesen sein wird, denn *ich bin die Essenz*. Und dies ist das einzige Mal, daß die Wahrheit den Namen *Das Gewitter* gehabt hat: einen Schleier, eine Fiktion.

Wir betrachten es (das heißt, wir gehen daran vorbei), und an uns kleben die Schmiere, die Krusten, die Stumpfheit der Leidenschaften; das macht es uns unmöglich, etwas zu verstehen, was keine Spur menschlicher Leidenschaften enthält. Die Leidenschaften sind *Gewitter*, sind Stürme; aber dies ist ein Sturm, den die Leidenschaften nicht kennen, dem Eifer, den Stimmen, den Tumoren, den Mühseligkeiten entzogen, die das Gebrumm der Drehbank des Todes ausmachen.

Ein einsamer lockenhaariger Araber bleibt eine Weile stehen, sieht mit einer gewissen Aufmerksamkeit hin, murmelt: – Das Gewitter! – und bricht in nervöses Gelächter aus. Vielleicht hat er verstanden, daß dort nichts ist, und die Bezeichnung »Gewitter« zum Lachen gefunden.

»Die Worte sind fast immer Keime des Handelns« (*Das Gastmahl*, Dante). Aus Abscheu davor, *Handlung* zu säen, ist Giorgiones *Gewitter* entstanden und wird stumm bleiben.

Palermo

DER VERWESUNG UND DEN WÜRMERN HABE ICH GESAGT IHR SEID MEINE MUTTER UND ... (der Rest des Zitats ist unter RAUCHEN VERBOTEN verborgen). Der Pfeil erklärt: PROFESSIONISTI. Einer der Profis hat noch eine Haarsträhne auf dem Schädel ... Es ist eine phantastische Schau von Erhängten, die alle von der Wand baumeln, von den Galgen des gemeinsamen Ausgangs. Eine Galerie gehört den Priestern: einige tragen die Paramente, ein Bischof die Mitra. Pater Gaetano aus San Bonaventura starb am 1. September 1862: »Wacher Verstand unverdorbene Seele.« Das perverse Grinsen des Priesters Don Melchiorre Galizia mit dem Priesterhut auf dem zerbrochenen Schädel, der ihn auf grausige Weise lebendig wirken läßt. Es stimmt nicht, daß der Tod alle gleichmacht: hier ist jede Grimasse anders, wie bei den Fingerabdrücken ist jeder unverwechselbar.

Englische Stimmen ertönen, und es mißfällt mir nicht, hier Gesellschaft zu haben. Die beiden Engländer (die Frau hat ein Lächeln, das über den Tod triumphiert) wollen wissen, ob sie einbalsamiert sind ... Aber nein! Man sieht ganz genau, daß sie sie ohne Tricks haben vermodern lassen! Nur einige wenige, ein kleines Mädchen, ein brasilianischer Konsul, haben Grund, sich zu schämen, schaurige Wachspuppen zu sein in einem Volk von reinem Zerfall. Der Schauspieler Nicolò Tofano: »Die Erschütterungen der Kunst raubten ihm zweimal die Gabe der Gesundheit, und zweimal kehrte er auf die Bühne zurück, um Gefühle, Leidenschaften, Applaus auszulösen ...« Das glaube ich gern, er suchte die Heilkraft des Applauses! Hinter ihm hängen vier obszöne Priester wie in einer Fleischerei. Einer von ihnen ist einbalsamiert, mit dem falschen Lächeln des Davongekommenen, und auf den Kopf haben sie ihm einen Zauberhut mit Sternen gesetzt. Viele Mönche haben zum Zeichen der Reue einen Strick um den Hals, was sie noch furchterregender macht ... Der originellste hat einen auf wenig überzeugende Art verlängerten Unterkiefer, der halb herunterhängt (wer weiß, ob er nicht eines Tages einfach abfällt und »tack« macht in die Stille hinein, vor dem zusammenzuckenden Betrachter), eine phantastische Todesmuschel und ein Loch im Nacken, das wie ein drittes, auf die Wand gerichtetes Auge wirkt. Ein ziemlich verschrecktes Mädchen gibt vor, den Tod mit Distanz zu betrachten: – Als sie das Grab meines Großvaters aufgemacht haben ... – (Der junge Mann, der sie begleitet, küßt sie, um ihr beizustehen.)

Es ist vor allem das Gesicht, unser größter Stolz, auf das es der Tod abgesehen hat und das er am grausamsten zurichtet ... Er will die Stellen bestrafen, die gesehen haben, die verstanden haben, etwas vom Geheimnis des Lebens geschnuppert, die gelächelt haben und geliebt ... Alle hatten sie nur eine einzige Schuld: gelebt zu haben, das ist ausreichend für den Richter; sein Gesicht soll ausgelöscht werden, richtet es grausam zu, macht es unkenntlich ... Einer trägt eine vermoderte Krawatte, ein anderer ein Samtjakkett ... »Hier die geliebten Überreste«. »Reizender Knabe«. »Sorgender Vater«. In blauer Uniform mit roten Tressen und Dreispitz zwei bourbonische Oberste. »Im Greisenalter und voller Tugend starb Girolamo Benzo de’ Duchi della Verdura* ...« Heute ein Kohlstrunk von den verrottenden Abfallhaufen des Markts von Carini. (Katakomben der Kapuziner.)

Piazza Sturzo: *Puppentheater – Die Geschichte der Paladine von Frankreich – Jeden Abend um 19 Uhr* ... So wird es auch in der Zeitung angekündigt. Jetzt ist es schon nach 19 Uhr, aber die Jalousie bleibt unten. Davor, ein paar Räder, ein bemalter Karren. Über der Schrift Köpfe, die mehr an Türken erinnern als an Paladine. Daneben eine Mafiosi-Bar. Der Platz ist von krampfhafter Häßlichkeit: zur Hälfte ein Alptraum aus Beton, der Rest kapuzinerreifer Verfall. Von hier aus kann man in ein anderes Abrißviertel überwechseln, unter der abnormen Beleuchtung eines Marktes, der hartnäckig überlebt dank des Traumes vom Handel, hier gibt es auch warme Kartoffeln und gebackene Zwiebeln. In einem kleinen Lädchen, das bald verschwinden wird, kaufe ich Schuhbänder. – Ist es nicht beängstigend zu sehen, wie das ganze Viertel um einen herum

Stück für Stück verschwindet? Mit dem Kran über dem Kopf zu leben, der einem das Haus wegreißen wird? Zu hören, wie Fenster und Türen aufgebrochen werden? – Die Antwort ist wirr und resigniert, die Häuser sind eben zu alt, es lohnt sich nicht, sie zu renovieren, alle wollen in Neubauvierteln wohnen, aber die Wurzeln, die Dinge …

(Heute geht es nicht mehr darum, einfach die Wohnung zu wechseln, sondern das eigene Schicksal zu ändern. Zwischen dem, was abgerissen wird, und der neuen Wohnung gibt es keine Beziehung, es ist wie ein Umzug ins Irreale, ins Namenlose; ist das ein guter Tausch?)

Die Katakomben der Kapuziner: nichts anderes als eine triviale Zurschaustellung verwesender Materie. Ein Spaziergang ins Verwerfliche, keine Meditatio mortis.

Und jetzt? Ich bin hier zwischen Linneus Theophrastus Dioscorides und verschiedenen Carneaden im Botanischen Garten, unter Pflanzen, die nicht aufhören zu weinen. Eine aufregende Magnolie, die allein einen tropischen Wald bildet und Wurzeln hat wie riesige Balken oder im Hafen vertäute Kähne, Behausung unzähliger Geister. Sie ist göttlich und angsterregend, wie der Anblick des Elften in der *Bhagawadgita*. Hinter ihrem Rücken ist ein Gasometer gewachsen … Von einer Anhöhe aus sieht man eine unflätige Landschaft: mit desperaten Bauten, das Palermo der kriminellen Bautätigkeit, dem Auge ist jeglicher Zugang zum Meer verwehrt. Der Gasometer verstreut große Flocken von giftigen Ausdünstungen über die Baumwipfel. Die Eintönigkeit dieser Stadt ohne Lächeln geht mir langsam auf die Nerven … Der Polypenschwarm der Autos in den Straßen würgt jeden Gedanken ab …

Der Papst hat sich angekündigt. Ich weiß jetzt schon, was er sagen wird, deshalb reise ich vorher ab.

Eine angelehnte Tür lädt ins Herbarium ein. Hier ist die Antholyza Aethiopica, Februar 1875, »Herbarium

Horti Botanici Panormitani«, vegetabilischer Knochen-
staub, für den die Wiederauferstehung vorgesehen ist...
Eine Pflanze anhand dieser botanischen Reliquien zu verstehen ist allerdings so, als wolle man einen Mann oder eine
Frau aufgrund ihrer hundert Jahre alten Leichen verstehen.
Auf dem Boden gestapelt, unter einer Staubschicht, fünf
oder sechs Ölporträts berühmter Botaniker.

Auf der Piazza Marina noch eine überdimensionale Magnolie, ein Monstrum, das Frieden ausstrahlt wie ein
Schiwa-Tempel.

BADEVERBOT VON ACQUA DEI CORSARI BIS VERGINE
MARIA

ICH VERKAUFE ALLES BILLIG WEGEN GESCHÄFTSAUFGABE
ÜHNER UND EIE TREIK

HÄNDE WEG VOM SIZILIANISCHEN ERDÖL

Hinter einem Gitter baumelten im Dunkeln zwei Beine
ohne Körper, dort aufgehängt wegen eines Gelübdes.

Rom

Rom, 19. Januar. Rom ist von dieser »Reise« ausgeschlossen, weil ich dort wohne, zumindest noch für einige Zeit,
und weil die Stadt für mich schon zu sehr aus dem Leim gegangen ist, als daß ich mich auf die Suche nach ihr machen
möchte. Und dann auch noch der Vatikan!! Aber ich kehre
nach 35 Jahren zurück, um den Laokoon zu sehen, um das,
was für mich dabei herauskommt, mit den Ansichten Winckelmanns und Schopenhauers zu konfrontieren.

Die ganze Laokoonsophie Schopenhauers dient dazu,
zu erläutern, warum Laokoon *nicht schreit*, in der Überzeugung, daß die Skulptur als solche den Schrei ablehnt.

Ich habe keine Vorstellung vom Laokoon; ich werde es so machen wie beim *Gewitter* und mich davorsetzen, ihn auf mich wirken lassen...

Der Laokoon Vergils schreit: »*clamores simul horrendos ad sidera tollit*«; und dieser Schrei scheint vom Mund des vatikanischen Laokoons aufgefangen worden zu sein. So wie in der Nacht die barocken Karyatiden von Ortigia und Noto singen, so schreit während der Öffnungszeiten des Clementinischen Museums auch Laokoon.

Wichtiger erscheint mir die moralische Bedeutung: Laokoon wird von den Schlangen bestraft, weil er die Wahrheit erkannt und herausgeschrien hat. Das am leeren Strand zurückgelassene Pferd ist das ewige Symbol für Betrug im Dienste des Staates, und wer solchen Betrug aufdeckt, der hat nur den Tod verdient; deshalb wird unter den vorbestimmten Opfern soviel gelogen über die schlimmsten und sogar die offensichtlichsten Fallen der Verhandlungen, der Traktate, der Friedensgaben ... Laokoon fordert das Ungeheuer heraus, indem er ihm einen Speer entgegenschleudert, der aus seinem Inneren einen hohl dröhnenden Ton erklingen läßt, als sei es aus Bronze und nicht aus Holz: dieser Aufprall, der Höhepunkt seiner Enthüllung des verborgenen Verrats, bewirkt sein Todesurteil, und es wird nur noch wenige Stunden dauern, bis es vollstreckt wird. Alle haben erkannt, daß das Pferd, wenn es erst einmal innerhalb der Stadtmauern ist, alles zum Einsturz bringen und in Brand setzen wird, aber alle tun so, als sei es harmlos, denn sie merken, daß die Tatsache, *es gesagt zu haben*, ausgereicht hat, um Laokoon auf den Scheiterhaufen zu stellen. Er ist bereits ein toter Mann ...

Laokoon schreit mehr, weil man ihm nicht glaubt, als wegen des Bisses. Viel schmerzhafter ist für ihn der Biß der Menge, die nicht auf ihn hört, das ewige Leiden des sozialen Denkers, und die sich wegen dieses fatalen Irrtums zum

Untergang und zur Sklaverei verurteilt hat. Laokoon schreit noch lauter als Philoktetes und Hekuba, die nur sich selbst beweinen: sein Schrei hingegen ist der der Propheten, die über ganz Juda, über ganz Jerusalem, über alle Generationen weinen. Was heißt hier Schlange! Wehen sind das, schreckliche Wehen! Das Gift enttäuschten sozialen Engagements ist das schlimmste aller Gifte …

Ich sehe in ihm einen großen BESIEGTEN. Die Täuschung siegt immer, die Zerstörung wird zerstören. Es ist ein materialistischer Fehler gewesen, sowohl von Winckelmann wie von Schopenhauer, Laokoon den Schrei zu verwehren: sein Schrei kommt aus der Tiefe und läßt die Säulen der schönen runden Halle erzittern, in die man ihn gestellt hat, damit er sich austobt.

Es ist zugleich auch ein Bild der verhexten Welt, in der wir leben. Die Vernunft ist die Gefangene der dunklen Windungen, die nie aufhören werden, sie zu umwickeln und zu erwürgen; und so ist auch der Mensch, ein Gesicht, das zum Himmel schreit, verloren, gemeinsam mit seinen Schöpfungen, wissend – zu seinem Unglück – um die Tiefe seines Leidens, die Grausamkeit seines Schicksals. Dafür, daß er versucht hat, die Dunkelheit zu durchbrechen, den Speer gegen den großen Leib zu schleudern, wird der Lichtschaffende bestraft: aus dem Meer tauchen, wie Ausläufer des Schaums von Tiamat, »*immensis orbibus angues …*«

Der Jüngling zur Rechten sieht den Vater an, als wolle er ihn fragen, *warum*; der andere ist bereits untergegangen, von dem todbringenden Schaum überflutet, und kämpft nicht mehr.

Der Kampf mit der Schlange ist trotz allem notwendig und würdevoll: der ganze Adel der Gruppe besteht darin, daß der prophetische Priester nicht vor der Gewalt der blinden Materie, der Bestialität der Intrige kapituliert.

Die starken, fleischigen großen Zehen und die enorme

Energie, die die Füße ausstrahlen, zeugen von der nicht zu vergessenden materiellen Kraft dieses Vorkämpfers des Geistes, denn ohne die Verinnerlichung tellurischer Energie und ohne unerwartete innere Muskeln ist auch ein Kampf, in dem man von vornherein unterliegen muß, undenkbar. Die Füße Laokoons sind ein Zeichen für die untrennbare Wechselwirkung, den engen Austausch zwischen Kopf und Masse, zwischen Himmel und Erde. Der Fuß ist die Wurzel, die der Krone (dem schreienden Kopf) die Lymphe schickt, um sie zu nähren und zu stützen, damit sie nicht sofort fällt. Man betrachte dagegen die Füßchen der beiden Kinder: zu wenig Lymphe fließt durch sie hindurch, es sind Stengel, die sofort brechen.

Das Skrotum, im Mittelpunkt, gleich ins Auge fallend, trägt als Emblem der Kraft sein Teil zur Darstellung der Macht des Schreies bei. Je mehr der Penis ruht, desto männlicher ist der Kampf. Wer denkt, wer gegen das Böse kämpft, hat ihn nur innerlich hart. Die Erektion ist nur der Schein der Männlichkeit.

Der Bart verbirgt zwar die moralischen Werte, wie Schopenhauer bemerkt, aber Laokoon kann man sich nur mit Bart vorstellen. Er entspricht dem Fuß: der Fuß ist Kraft, der Bart ist Kraft. Gelockt, ungebändigt, verstärkt er den Eindruck inneren Aufruhrs; der dunkle Wind pfeift durch die Barthaare. (Für Leopardi und Schopenhauer ist er immer bestialisch, aber das sind einseitige Meinungen über den Bart; bei Leopardi ist vielleicht auch ein wenig Neid mit dabei.)

Die linke Hand Laokoons, die die Schlange an der verletzlichen Flanke packt, scheint genug Kraft zu haben, um sie zu zerreißen; erst die feige Waffe des Giftes wird den Kampf schließlich entscheiden.

Es ist Mittag, vom Gianicolo hört man Böllerschüsse. Es folgt eine Erklärung auf englisch, mit der die hohe Stimme eines angelsächsischen Barbarossa zwei von ihm in Beschlag genommene arme Frauen beglückt.

Ich gehe, um ihn, Laokoon, nicht sterben zu sehen; es scheint sich nur noch um Minuten zu handeln. Und doch, obwohl das Schlangengift von der schnell wirkenden Art zu sein scheint, dauert der Kampf seit einer Ewigkeit an, und der Besiegte ist immer noch am Leben, einige Teile sind wiederangestückelt worden oder durch Prothesen ersetzt, und er, der Seher, schreit weiterhin seine soziale Pein hinaus, sein Grauen, seinen Vorsatz, nicht vor dem Bösen zu weichen. Ein langer Todeskampf, wie der der Sonne.

Was lehrte Athen? Das schönste Lob zollt ihm Horaz im zweiten Brief, Buch zwei, 43–45: Das liebe Athen hat mich etwas geschickter gemacht als Rom, indem es mir den Wunsch verlieh (*ut vellem*), die gerade Linie von der krummen zu unterscheiden und im Wald von Academo die Wahrheit zu suchen. Aus Jerusalem das Wort Gottes; aber aus Athen die Aufforderung, das Lineare vom Kreisförmigen zu unterscheiden und in Gesellschaft der Meister die Wahrheit zu suchen. Wer dem Wort Jerusalems gegenüber taub bleibt, wird nicht verloren sein, wenn er gelernt hat, *curvo dinoscere rectum*.

Der Po

Am Morgen danach kehre ich noch einmal zum Po zurück. Die Morgenröte hat ein paar Rosen gestreut, aber die Luft riecht giftig, das Wasser ist eine chemische Kloake. Das Ufer ist mit Abfällen gesäumt. Zwischen dem Rost kann man lesen: FIDOIL EXPORT MOTORÖL ... KIM VOR FROST SCHÜTZEN. Eine bullige Dogge läuft eilig herbei, um mich zu beschnuppern:

– Schnuppere nur. Ich bin ein *infelix vates*.

Die Wahrheit ist, daß ich manchmal die Scham, zur Menschheit zu gehören, kaum ertrage. Es ist eine metaphysische Schande, ein persönliches Drama der *desdicha por la honra*: ein Ehrenmann sein zu wollen scheint unvereinbar zu sein mit dem tragischen Bewußtsein, ein Mensch zu sein.

Eine Art Erstickungsanfall überkommt mich bei der Vorstellung, *einer von ihnen* zu sein, auch ich einer, der seine Sünden an die Hörner dieses geschundenen Flusses hängt.

Auf einmal erscheint vor mir, dort auf dem Damm, mit einer Deutlichkeit, die schmerzt und zugleich tröstet, der Vers des fünften Gesangs der Äneis, 765:

> Exoritur procurva ingens per litora fletus;
> complexi inter se noctemque diem morantur,*

und gleich beim *ingens* bevölkern sich in der Ungeheuerlichkeit unaufhörlichen Weinens die Ufer mit einer trauernden Menge, die sich, verzweifelt ob der bevorstehenden Trennung, umarmt. Sind es die menschlichen Züge, die der Fluß nach so vielen gemeinsamen Tagen mit den Menschen der Ebene heimlich angenommen hat, die sich beleben und weinen und sich in den Schatten verlieren, die ein feuchtes Zittern der mantuanischen Harfe hervorgerufen hat? Ist der Fluß der lebendigen Tränen ein anderer Po, ohne Monviso und ohne Bocche, an dessen Saum man nicht aufhört zu gehen?

Dies sind Tage, an denen ich das Gewicht eines unfaßbaren Bösen noch stärker auf der Welt lasten spüre. Es ist ein ganz deutliches Gefühl, das sich in Symptomen physischen Unwohlseins äußert; dann vergeht es wieder, und das dunkle Böse wird wieder zur Chronik der Niedertracht, betrachtbare Geschichte, aber die wahren Ursachen der Geschehnisse findet man nicht in anderen Folgen von Geschehnissen oder in den Dingen oder im Inneren einzelner; hinter ihnen steckt etwas wie eine rasende Furie. Wenn ich zu sehr zu Laokoon werde und anfange, gegen das Pferd zu wettern, dann kommen die Schlangen aus dem Fluß und dann bleibt von dem armen Kerl, der da schreit, nicht einmal eine Mittelhandprothese für das Clementinische Museum übrig.

Sicherlich kann die Vernunft auf theologische und metaphysische Weise alles Böse, jedes Dunkel und jede Vorstellung des Dunkels überwinden – und Gott ist *Licht auf Licht, nûr ala nûr* –, aber wenn einem dann der Stuhl des Tragischen fehlt, um ihn über den menschlichen Abgrund zu stellen, erfaßt einen statt Spinozascher Erleuchtung und Glückseligkeit nur Ohnmacht und Entmutigung. Wenn das Böse keine Realität ist, wenn es absurd ist, dagegen zu kämpfen, dann werden wir sinnloser als eine dieser im Po treibenden Angelschnüre, dann fehlt uns der Zahn, mit dem wir zubeißen sollten, ist uns das einzige genommen, was Wert hat.

O erhabene Wahrheit des Cervantesschen Gleichnisses! Das Böse könnten Mühlenräder sein, die der Wind dreht, oder die yogiartige Verwandlung von Riesen in Windmühlen: aber für uns, die wir nicht wollen, daß der Gedanke in der Schmach einer anerkannten rationalen Hypothese stirbt, ist es gleich, was sie in Wirklichkeit sind (und mögen sie auch ein verborgenes Gesicht des Gottes *nûr ala nûr* sein), denn für uns ist es wichtig, sie ungerührt mit dem armseligen Speer, den man uns gegeben hat, herauszufordern, so als wären sie ungeheuerliche Riesen, und sie immer wieder aufs neue anzugreifen, solange der traurige Ritter noch Luft holen kann, und selbst dann, wenn er nicht mehr aufstehen kann.

(Mai 1981 – April 1983)

Albergo Italia

Der Ort, an dem »il gran Virgilio nacque«

Und wir befinden uns im Jahr Zweitausend nach Vergil –
nicht auf den Tag genau; was hingegen wichtig ist: Während wir uns über die Geburt, von der an wir seit unserer
Christianisierung die Jahre zählen, keineswegs gewiß sind,
bestehen über seine Geburt, die von den ins Abseits gedrängten Göttern eins der größten Geschenke an das
menschliche Unglück war, keinerlei Zweifel.

Dieser Anlaß also hat mich nach Mantua geführt, das ich
zum erstenmal sah, und ich bin froh, nicht das Jahr Dreitausend nach Vergils Geburt abgewartet zu haben, wenn
die von Dante besungenen »toten Knochen« der Mantuaner Legende ans Licht gezerrt werden; und während ich
einige Tage dort verbrachte, hat es mich angenehm überrascht, wieviel Schönheit lombardischen Geistes noch
heute in und um diese noble Nebelstadt herum überlebt
hat, und unter lombardischem Geist verstehe ich liebenswürdig, großzügig, tolerant, nicht zur Oberflächlichkeit
neigend, nachdenklich, *vergilianisch*. Vergil, auch »die
Jungfrau« genannt, von Horaz in den exklusiven Club der
makellosen Wesen erhoben, verkörpert die lombardische
Aura in ihrer mantuanischen Ausprägung; seine leibliche
Existenz und seine vollkommen *religiöse* Poesie sind ihr
wertvolle Gefäße. Und alle Mantuaner sind ein wenig mit
Zügen des Vergilianismus wie Reinheit, Lächeln, Fähigkeit
zur Freundschaft gefärbt. Wahrscheinlich wird man in
Mantua nicht geboren, ohne vorher eine Prüfung über die
Humanität der *Georgica* und der *Äneis* abgelegt zu haben.

Und Andes?

Dort soll er geboren worden sein, am südlichen Rand der Gegend um Mantua, als Sohn einer Mutter, die keine gewöhnlichen Träume über ihr Kind im Mutterleib hatte, und eines Vaters, der Gefäße aus Terrakotta herstellte, Symbol für einen Sohn, der Wasser auf die Dürre der Materie und ihre *ancient brutal claims* (Melville) gießen würde, eines Vaters, der zufrieden war mit dem Stück Erde, auf dem er lebte und das dem Sohn später durch staatliche Gewalt weggenommen wurde. Die angeborene mantuanische Milde der unter dem Zeichen der Waage Geborenen wurde in ihm mit der wesenseigenen Färbung des Sternzeichens verwoben: die Waage ist das Bild der reifen, aber noch nicht vergehenden Herbstlichkeit, des bleichen und milden Oktobers, mit dem charakteristischen psychologischen Merkmal einer großen Leichtigkeit, die Meinung zu ändern, neue Doktrinen und Gedanken aufzunehmen. In Vergil treffen in der Tat mehrere Dogmen und Philosophien aufeinander, ohne sich zu stören: er vereinte und zähmte sie alle; das war seine Natur, und nicht Skepsis.

Im Tarot wird die Waage durch das achte Arkanum dargestellt, die Figur der Gerechtigkeit, die in einer Hand eine Waage, mit der anderen ein Schwert hält: Vergil war weniger ein vom menschlichen Dahinsiechen der Gerechtigkeit Gequälter (*iusque datum sceleri*) als vielmehr Träger von Gerechtigkeit (von kosmischem Gleichgewicht), Wiederhersteller der höheren Ordnung, ein menschliches Sinnbild ebendieser transzendenten Gerechtigkeit; in diesem Sinne ist der Beiname *die Jungfrau*, der ihm gegeben wurde, eine Enthüllung seiner geheimen Identität: Vergil ist das Sinnbild der *Virgo*, der Gerechtigkeit, deren Rückkehr auf Erden die vierte Ekloge ankündigt. Die Gerechtigkeit konnte nicht *redire*, aber es kam Vergil, seine Waage, nicht sein Schwert.

Wenige Minuten im Taxi, und schon bin ich in Andes, dem großen Wallfahrtsort der Getauften und der Heiden infolge literarischer Abtrünnigkeit. Seit dem Mittelalter heißt der Ort Pietole, und Pietole bildet heutzutage mit anderen Häusergruppen die Gemeinde Virgilio, sie hat einen Bürgermeister, Baustellen, Trinkwasser ... Ich lese: »Neubaugebiet Andes, voll erschlossenes Wohnbaugelände zu verkaufen, Informationen Geom. Achille Artioli«; und auch: »Die Kommunisten von Virgilio grüßen den Widerstandskämpfer Sandro Pertini.« Man brauchte Bosch oder Max Ernst, um sich von einem »Kommunisten von Virgilio« ein Bild machen zu können; die Chimären leben mitten unter uns; damit sie sich bemerkbar machen, reicht es, auf die Sprache zu achten. Pertini gegenüber müssen die Mantuaner wohl etwas ungnädig gewesen sein; er, dem Umarmungen widerstrebten, der jedem Durcheinander feind war, mußte zusehen, wie sie ihn für einen Uticensis hielten, ihn mit Gewalt unter die Widerstandskämpfer einreihten, mußte sich endlose Erzählungen von Gefängnis, von Exil anhören, und nicht in reinem ionischen Tonfall, sondern mit savonesischem Akzent vorgetragen.

Man weiß, was die Bauern machen, wenn sie an Ort und Stelle bleiben: Sie holen die Pest der Landvermesser und lassen sich so vollständig wie möglich *erschließen*, und das Bauernhaus wird sofort eine kleine rosafarbene oder gelbe Villa, mit Schneewittchens Zwergen inmitten der Kiesfläche, Nadelbäumen aus der Baumschule und einer Trauerweide, die als Zahnbürste für den Gartenzaun dient.

Entseelte Häuser inmitten orthopädischer Vegetation; diese ganze absurde Gemeinde Virgilio besteht aus solchen grinsenden Masken der Dummheit, die in schnurgerader Linie angeordnet sind. Keine Spur von einem Dorf, es ist eine Satellitensiedlung, ein Nichts ... Und dort, das Denk-

mal, die Büste des Dichters, von Lorbeer umkränzt ... Es
stiften sie: »Die Landwirtschaftstechniker dem Dichter
der *Georgica* ...« Denn Vergil, die *Virgo*, das kosmische
Gleichgewicht, der Paraklet des lateinischen Verses, lief,
wie man weiß, über die Felder und verstreute sorglos
E 605, DDT, Aspor, Parathion, Phosphate, Unkrautvertil-
gungsmittel, immer fröhlich auf seinem riesigen Traktor,
und während der heißesten Stunden des Tages briet er auf
den Abgasen ein frisch geschlachtetes Stück Fleisch, in der
Abenddämmerung ruhte er sich nicht *sub tegmine fagi*,
sondern im Schatten der Zwergpinie aus, die noch vom
Lastwagen abgeladen werden mußte.

Gehen wir zum Mincio, um das berühmte Schilf zu betrachten.

Es ist ein Fußweg von einer halben Stunde, zwischen den
von Nadelbäumen gezierten Villen, entlang eines Sturzba-
ches aus Asphalt, der sich, wenn er jemals einen Ochsen zu
Gesicht bekäme, sofort vor Schreck verflüssigen würde.
Der Mincio hat eine Menge Hochwasser geführt und eine
sehr weite Fläche untergegangener Buchen und Weiden
überschwemmt. O vergilianisches Schilf! Der Vers aus der
siebten Ekloge offenbart sich:

hic viridis tenera praetexit harundine ripas
Mincius ...,*

aber eher wird Shabbatai Zeví aus seinem Grab aufersteh-
en, als daß *per prata iuvenci* an diese Ufer zum Trinken
zurückkehrten! Ochsen, Pflüge und die Arbeitskraft des
Menschen warten inzwischen auf das Rendezvous mit dem
Messias ... Und wenn man bedenkt, daß wir sie für einen
Fluch gehalten haben ... Waren sie es? Waren sie es nicht?
Aber wie soll man das nennen, was sich dort befindet, di-
rekt gegenüber von mir, der ich von Pietole her komme?

Am gegenüberliegenden Ufer kündigt ein intensiver Schein ewigen Feuers, unauslöschbaren Feuers, wie im Hintergrund auf einem Gemälde von Bosch, eines der vielen industriellen Höllenfeuer der Poebene an. Es ist eine Zusammenkunft der Zeichen des Satans: die Petrochemie Montedison, die Raffinerie Total, die atomare Metall- und Maschinenbauindustrie Belleli ... Von dort dringt ein ständiges Kreischen herüber, ein amoralischer Lärm, der einen packt wie eine schädliche und hartnäckige Musik, eine Abfolge blinder Schreie, als wenn Scharen von Dämonen durch die roten und grauen Luftschwaden hindurch einander riefen. Auf der linken Seite, dort unten, das edle Profil Mantuas, der von ihrem Fluß umhüllten Insel, unversehrt und beinahe Vision der *per prata iuvenci*; rechts die höllische Kreatur, während einem der präzise, einschläfernde, beißende Bohrer der Klangfülle des Abgrunds, die von dort ausströmt, in die Ohren dringt.

Die Reisenden vergangener Zeiten hatten das Glück, nach Andes normalerweise über den Wasserweg zu gelangen; sie fuhren von den Mantuaner Seen bis nach Pietole den Mincio hinunter und gingen genau dort an Land, wo die Bauern heute auf das nur vage zu ortende Besitztum Vergils zeigen und in einem Backsteinhäuschen, das niemals von einer Hebamme besucht wurde, auf die Mauern, in denen er geboren wurde und die mehr als ein Altar sind. Aber die Aussagen der Reisenden (in einem entzückenden Band von Gianni Schizzerotto gesammelt, *Letterati e Viaggiatori nel paese natale di Virgilio*, zur Zweitausendjahrfeier in Mantua erschienen) sind im allgemeinen sklerotisch, verzuckert und kalt. Warum soll man in Andes nach Vergil suchen? Seine Landschaften sind reine Metaphysik, emotionale Geographie, eher mediterran als oberitalienisch, sie riechen eher nach Meer als nach dem Röhricht eines Binnengewässers. An den Ufern des Mississippi wie in den Tempeln von Kioto kann man Vergil nahe sein, ihn evozieren; in einem Suk, an einem Fjord, unter dem Eisendach des Mailänder Hauptbahnhofs ist der Klang Vergils imstande, einen Augenblick lang die notwendige Metamorphose zu erschaffen. Seine Landschaftsmalerei ist die Vertonung von Archetypen, versteckten Steinen unserer geistigen Reliquienbehälter, nicht nur an seinem Grab kann man sie wiederfinden, noch klarer in ihrer Bedeutung.

Ein Schutzanstrich mit Vergil – in nicht vergeudeten Jugendjahren erlangt oder schon angeboren, aber das würde bedeuten, beinahe selbst ein Vergil zu sein, jungfräulich-ausgewogen und südöstlich-lombardisch, mit einer Sensibilität, die erhaben ist über die unheilvollen Realitäten, die vom rhythmusgestiefelten Wort geschaffen werden – gestattet sogar eine Verwandlung der höllischen Vision der Petrochemie; wenn es nicht wirklich ein Sichauflösen ist, ist es ein Besänftigtwerden, ein Aufgeben der schändlichen Sicherheit. Man muß lernen, es sich so zu denken: Sie ist etwas dermaßen Törichtes, daß ihre Existenz zu bezweifeln ist, sie ist ein Akt perverser Magie, der sich nur eine stärkere *gute* Magie entgegenstellen kann. Ausbeuterische *Technik* wie metaphysische Korruption: Das inkorrupte Metaphysische, die geistige Einforderung (nicht die Ökologie der Materialisten) sind ihre natürlichen Vertilger.

Ich öffne Vergil.

Im unerschöpflichen sechsten Gesang der *Äneis* kann das Auftauchen der Stadt des Dis als Vergleich dienen (Vers 548–59), und wenn die entgegengesetzte Magie unwirksam bleibt, verdient dieser über die Ufer getretene Mincio den Namen Phlegethon: dort ist die *ferrea turris*, und dort hat die blutige chemische Tisiphone ihren Sitz, die besessene Wächterin über ein Totenreich. Der Text Vergils deutet auch jenen unaufhörlichen Lärm an:

hinc exaudiri gemitus et saeva sonare
verbera, tum stridor ferri tractaeque catenae:

»Von dorther vernimmt er Gestöhn und sausender Gei-
ßeln/Schlag und des Eisens Pfiff und schleifender Ketten
Gerassel.«* Darum nämlich handelt es sich; nur ein perverser Geist kann glauben, daß derartige Orte nicht ausschließlich zu unserem Verderben und zu unserem Unglück da sind.

Es ist Abend, die vergilianische und unsterblich italienische Stunde, und ich bin dabei – ohne Goldzweig und ohne
Sibylle, ich würde auffallen –, einige Abschnitte des ver-
geblichen Labyrinths zu durchqueren, in dem sich jeder
für eine festgelegte Zeit befindet, um die zugewiesene
Strafe zu erspähen, unter der Aufsicht der eigenen Vergangenheit (wenn das der Sinn des rätselhaften *suos quisque
patimur manes* ist). Nach der Strafe in der verseuchten Luft
und in der glühenden Unreinheit der Welt werden wir das
aetherium sensum atque aurai simplicis ignem wiederfinden, das Annibal Caro* frei und auf wundervolle Weise so
wiedergibt:

> Sí ch'a nitida fiamma, a semplice aura,
> A puro eterio senso ne riduca.*

Seit Ewigkeiten dauert der Traum der Welt schon an. Bereits zu der Zeit, in der Vergil diese Gewässer betrachtete
und Mantua sich ohne Kuppel mit Kreuz aus der Ebene
erhob und nichts aus dem Untergrund, der immer brennt,
auftauchte und den Frieden des Auges zerriß, waren Montedison und Total schon da, die *ferrea turris* und die aus-
ufernde Tisiphone breiteten sich dort bereits aus, wenn
auch nicht sichtbar, nicht hörbar, während wir heute
Organe haben, die sich darin geübt haben, sie wahrzunehmen, nach unsagbaren Zwängen, und die dabei fast voll-

ständig die Fähigkeit verloren haben, etwas anderes wahrzunehmen. Aber werden sie *real* durch die Tatsache, daß wir sie wahrnehmen? Ist nicht das Ufer dort gegenüber das gleiche wie vor zweitausend (oder dreißig- oder vierzigtausend) Jahren? Und das Ufer von vor zweitausend Jahren, dem es geschenkt war, von Vergil gesehen zu werden, war es nicht dieses hier mit dem höllischen Kreischen?

Die Reise des Äneas ins Schattenreich endet mit dem Durchschreiten der Elfenbeinpforte, derjenigen der täuschenden Visionen: während er also mit der Sibylle zu reisen und die Manen zu sehen glaubte, blieb Äneas auf einem Fleck, als ob er giftige Pilze gegessen und alles nur geträumt hätte, den Dis, die Strafen, das Reich. Vergil glaubte viel zu wenig an die Realität der Welt, um Rom, seinen Herrscher, sein Reich, diese Montedisons und Totals der Vergangenheit ernst zu nehmen.

Und während man dem Dichter Vergil auf den Spuren ist, verliert sich die Illusion des Seins, der Existenz als Realität. Es ist eine Therapie durch den Klang, seine eigene lateinische *Neuheit*. Das vergilianische Modulieren, seine Art, sich auf den Dingen niederzulassen, entwurzeln sanft das Leben wie einen kranken Zahn, sie machen es ähnlich wie Euridike in seinen *Georgica*: ein Gespenst auf der Flucht, das nicht von einem Mann verfolgt wird, sondern von einem schon von den Mänaden Zerfleischten, von einer Stimme, die ihren Namen wiederholt, einem Flußufer, das Euridike Euridike Euridike weint.

Am liebsten würde ich aus der vergilianischen Narkose nicht mehr erwachen. Wer weiß, wo ich heute gewesen bin? Im Dorf, in dem Vergil geboren wurde? Aber wo wurde Vergil geboren? In einem Mantua, das allein im reinen Klang zweier Silben existiert: *Mantua.**

In Staglieno lebt der Tod

Staglieno! Staglieno! Endlose Totenstadt, Paradies des geistig Nekrophilen, akademischer Garten des atheistischen Animisten! Staglieno, begrabener, unterirdischer Hafen am hinteren Ende der Hafenstadt!

Wieviel mehr Maß besitzt der Père-Lachaise, der wie ein einziges Regelwerk aufgebaut ist, streng wie eine Militärakademie! Seine Alleen werden von einer mächtigeren, kompakteren Gesellschaft bevölkert, die entschlossen ist, sich fest an der Hand zu halten und zusammenzurücken gegen die Zeit, unter dem Zeichen der beiden Liebenden des Klosters Paraklet, Abälard und Heloise, dem Intellektuellenpaar, das in Worten in der Patrologie des Migne* begraben ist und – ihre letzte Verrücktheit – in sich umarmenden und umschlingenden Gliedern unter dem neugotischen Tempelchen in Paris. Auf dem Père-Lachaise, wo sich die Zerbrechlichkeit der Lebenden aufgelöst hat, behaupten sich wunderbarerweise die Kraft der Toten, ihre Energie, ihr Hunger zu überdauern, ihr mysteriöser Wille zur Macht. Man sage nicht sofort, das Wesen Frankreichs bestehe in seiner Verwaltung; man suche zuerst im Nabel des Père-Lachaise nach dem Geheimnis seiner Kraft.

Aber Staglieno ist unerwarteter, unglaublicher, phantastischer. Der Damm des ursprünglichen Plans von Barabino, ein nüchterner viereckiger Grundriß, der von einer klassizistischen Kapelle beherrscht wird, bricht schnell, und der Fluß der Toten überschwemmt den Hügel; zu ihrer Besänftigung fordern die Seelen grenzenlose Galerien, Säulengänge, heilige Wäldchen, wie von Dädalus erdachte Wandelgänge, ägyptische Tempel und eine Sintflut, einen Ozean, ein wahres Atlantis von Statuen, Basreliefs, Hochreliefs, Büsten, Medaillons, von schamlosen

Inschriften, von indiskreten Statuengruppen, die alles von ihnen erzählen. Staglieno ist eine gewaltige kollektive Beichte, eine der größten Aufführungen des Theaters des Todes; man kann Tage (besser noch Nächte, versteckt in irgendeiner Kapelle), ganze Wochen damit zubringen, jene Wortergüsse, Monologe, Streitgespräche darüber anzuhören, wer mehr Verdienste, wer mehr himmlische Güter angehäuft hat, und immer würden sie einem Ungewöhnliches, Unerhörtes berichten über die Nichtigkeit, die Leere, das Elend, die unerreichbare Dummheit, die glühende Absurdität, die unendliche Verzweiflung, die unsere Knochenhülsen verstecken, um sie dann vor dem Angesicht des Himmels auszuspeien.

Wenn romanische Steine singen, dann *rezitieren* die Statuen Staglienos: Dramen von Giacosa*, Ibsen, Ferrari*, der Scapigliatura*, von Verga, Bracco*, D'Annunzio, Pirandello, Labiche, Feydeau, Strindberg in einem Durcheinander von Hertzschen Wellen, die aufeinandertreffen und sich kreuzen, überladen mit Stimmen und Geräuschen. Nichts ist weniger schweigsam als dieser unerschöpflich raunende Friedhof.

Der Père-Lachaise ist männlich und abendländisch. Staglieno ist weiblich und orientalisch wie Genua. Die Unordnung, der Wahn des Inbesitznehmens und Überschwemmens mit aktiver Faulheit, die jedem Orient zu eigen sind, gehören zu Staglieno. Seine Toten sind die östlichen Bürger eines nordischen Reiches gewesen; nachdem alle Pflichten gegenüber dem piemontesischen König beendet waren, befreiten sie sich von jeglicher Hemmung im Tode.

> Der östliche Glanz Genua
> Erstrahlt in den Frauen mit
> sibyllinischem Kopf ...

sang Campana* unter dem deutlichen Einfluß des Delphischen Orakels. Seine wunderbaren Visionen von Genua sind Visionen vom Orient. Aber wir werden nie wieder das östliche Genua Campanas sehen, auch wenn man einer Frau »mit sibyllinischem Kopf«, mit »ein wenig Seegras« im Haar vielleicht noch hin und wieder begegnen kann, in den Hinterhöfen und in den kleinen Gassen.

Campana, der Dichter aus Marradi, ist der erhabene Poet Genuas. Montale ist der Metaphysiker der ligurischen Landschaft: seine Verse entwirft er, um sie aufzulösen, gerade weil sie aus metaphysischer Schrift sind, er trennt sich von ihnen, er hält sie nicht fest. Campana ist kein Metaphysiker, er ist ein Villon der Häfen, ein stolzer Leser der Seele eines Hafens – Genua. Um im Hafen herumzulaufen, ist es viel wichtiger als der Passierschein des Kommissariats, daß man sich mit den Versen Campanas über die Nacht am Hafen ausrüstet, über den Hafen, der sich schlafen legt:

> Er ist die schlafende Kraft, er ist die unbewußte
> Traurigkeit der Dinge, die da kommen,
> Er ist das Leben, das sich im Rhythmus wiegt
> Müde und angestrengt.

Alles ist hier gesagt; unglücklich, wer es nicht versteht.

Aber diese Verse nützen nur dem Gedanken und dem Traum. Der Hafen, so wie er heute ist, ist deprimierend ... Vom Meer wie vom Land aus – die Augen, die nach ihm suchen, finden ihn nicht mehr. Der Hafen kann auch im Jahre 2000 nach Voltri emigrieren oder zu den Fjorden oder nach Australien: Der Hafen von Genua ist nicht mehr. Wo ist der Orient? Wo ist die Farbe, welche die Seele der Dinge ausspioniert? Nachts, von oben, von ferne gesehen, ist der Hafen jene Lichterkurve, in Segmente und Punkte zerbröckelt, die vom Halbkreis des Golfes gezeichnet wird, es gibt nichts Banaleres, sofern man sich nicht vorstellt: »Dort ist der Hafen.« Man versuche einmal, dort unten einen Matrosen zu finden, einen richtigen Schauermann und Warenballen oder Schiffe voller Menschen mit Tränen in den Augen! Der Hafen ist ein riesiger Kran, der den Himmel versteckt, die Schiffe sind lautloser Schrott, mit Containern ausgepolstert, fast nie sieht man jemanden herunterschauen, es sind Ärsche aus Erzen, in denen sich nicht einmal eine Made zu bewegen scheint. Der menschliche Gruß, der menschliche Abschied, verschwunden ... Die Fährschiffe sind keine Schiffe, es sind Garagen; die Offiziere sind dazu erniedrigt, Mannschaften von Lastwagenfahrern vorzustehen und ganze Familien von Wohnwagen, Sippschaften von Fiats, Alfas, Peugeots, Völkerschaften von Michelins, wahre Städte von Pirellis, Züge von Landrovern und Generationen von Traktoren nach Sardinien, nach Tunesien, nach Palermo zu befördern, manchmal auch mit Passagieren im Kofferraum: drei oder vier Nordafrikaner, zwei Halbgenuesen, ein türkischer Hausierer, eine Lehrerin aus Cagliari, ein Neugeborenes, das dort von seiner Mutter, die in einem anderen Citroën in Richtung Pyrenäen geflüchtet ist, verlassen wurde, insgesamt so wenige, daß die Tirrenia keine Zeit damit verliert, sie zu zählen oder sie das Ticket bezahlen zu lassen, ebensowenig wie sich der Zoll mit der Kontrolle des Gepäcks abmüht. Wenn die Schiffe abfahren, hantiert auf der Brücke ein Werkzeugschlüssel, und ein Reifen, der keine Lust zum Emigrieren hat, beugt sich traurig über die Brüstung. Aber wer antwortet ihm von der Mole? Der Arm eines Krans, doch auch nur während der gewerkschaftlich vorgeschriebenen Stunden; sonntags nie.

Der genuesische Orient muß neu erfunden werden ... man muß ihn aus dem Unsichtbaren auferstehen lassen, muß sich aufmachen, ihn in den kleinen Altarnischen (so viele Kalis und Annapurnas) zu entdecken, die noch an den baufälligen Mauern hängen, in den Schiffen aus Stein, beladen mit Ballen aus christlichem Mitleid, die noch nicht von den Mannschaften der Frommen verlassen wurden; man muß ihn aus den Büchern hervorspringen lassen, ihn aus einem mundartlichen Tonfall heraushören. Ich dachte, daß ich den ligurischen Akzent verabscheuen würde: nach einer Woche des Eintauchens in die verbliebenen Gerüche der Bratküchen Genuas drang er in meine Ohren wie eine arabische Gusla mit dem reinen Kontrapunkt eines semitischen Trommlers. In jenem Akzent, der über dem Meer aufragt, wo die traurige Sirene des U die Idee anzieht und in den Abgrund stürzen läßt, des U, das bis in den Triumph des Schlafes hinein wiederholt wird, in dem auf süße Weise alles versinkt – darin liegt eine Art von Ruhe kontemplativer Menschen, ein asketischer und ferner Pessimismus. Oh, warum nur so schnell? Warum so in Eile? Wir wissen es, wir wissen doch, daß die Zeit das Leben verschlingt, daß die Zeit Hunger auf alles hat und nichts am Leben läßt, aber diese halb südamerikanische, halb nordeuropäische Metropole, die von den Gasen der Stahlindustrie verseucht wird und deren Hafen von einer Hochstraße umgürtet wird, mit all dem Zement, der ungeduldig um die letzten Häuser von Portoria und der Piazza Sarzano lärmt, Orte, an denen Wunder geschehen, magische Kreuzungen, und dann die Schande des vertikalen Anonymen, das die feine Fläche der Schieferdächer erstickt und zerreißt – warum hat das alles auf einen Schlag, innerhalb weniger Jahre, das Bild einer wirklichen Stadt, einer authentischen Welt umgestürzt, zerfetzt, zersplittert?

Also nach Staglieno, nach Staglieno. Das Chaos der Totenstadt entschädigt uns für den dort unten verlorenen Orient, wo die bedächtige Melodie Campanas im rätselhaften Abend nicht mehr den »salzigen menschlichen Atem«

findet und »im Wirbel tauben Meeresbrausens« den Geruch von Stockfisch und das Zittern der Mandolen. Staglieno ist unversehrt. Der Tod enttäuscht nicht den, der ihn liebt.

Staglieno fasziniert, indem es aus dem Gleichgewicht bringt, es ergreift einen mit weichen Fangarmen des Wahnsinns... Mir kam ein schauerlicher Gedanke: Wenn sie wirklich wiederauferstehen sollten und genau so wiederauferstünden, wie sie auf den Skulpturen erscheinen, mit all ihren Schutzengeln, ihren sehnsuchtsvollen Christusfiguren, inmitten der Bestürzung der letzten Lebenden, könnte dann die Erde jemals das Gewicht ihres Deliriums ertragen? Die meisten von ihnen sind in Frieden gestorben, versehen mit den Tröstungen der Religion, autorisiert von der Wissenschaft, unter den Tränen der Verwandten, nach einem rechtschaffenen, äußerst rechtschaffenen Leben – warum sollten sie sich im Tode in derlei maßlosen Delirien Luft machen? Vielleicht weil Staglieno weiblich ist, eine Heulsuse oder eher ein Klageweib, reine Hysterie, die sich im Kontakt mit dem Grab entfesselt, Arme, die betasten, Lippen, die saugen, und es hat eine bacchantische Seele, ein dionysisches Fieber fließt in seinen Adern, genau dort, zwei Schritte von einem über jeden Verdacht erhabenen Bisagno* entfernt.

Rachelina starb 1918 im Alter von neunzehn Jahren: »Dein jungfräulicher Körper liegt hier, aber deine Seele lebt freudig mit den Seligen«, beichtet die Grabinschrift. Auf einem anderen Grab weint Euterpe Krokodilstränen: »All seine Liebe galt der Kunst, die ihn zu auserwählten und tiefen Harmonien inspirierte. Er erlangte wunderbaren Ruhm daraus, doch in dieser Glut hat sich sein Leben vorzeitig verzehrt.« Ein Carlo Orazio »durchquerte Europa und Amerika und hinterließ überall Sehnsucht nach sich«, aber das ist auch nicht schwer, wenn man nicht lange zu Gast bleibt, weil man es eilig hat. »Für Giuseppe Soldi, Händler«... Mich beeindruckt eine Antonietta Noceti, »die in der Schule G. C. den Heldenmut erlernte, der sie immer heiter machte«, und zwar wegen dieser zwei Anfangsbuchstaben, die die meines eigenen nichtigen Namens sind, der auf Regenwasser geschrieben ist. Wirklich, sollte es in meiner Schule möglich sein, einen besonderen Heldenmut zu erlernen, der immer heiter macht? Wenn es so wäre, würde ich ohne Bedauern sterben, zufrieden mit meinem Tagwerk.

Diese Türen aus Marmor, verschlossen und halb geöffnet, in deren Nähe der Verstorbene innehält, zögernd, neugierig und zugleich entsetzt, oder aber er wird gewaltsam von Engeln geführt, die so kräftig sind wie Krankenpfleger in einem alten Irrenhaus – diese Türen sind eines der geheimnisvollsten Motive all des phantastischen Makabren in Staglieno... Winzige Risse über der Tiefe, Öffnungen über dem Abgrund, ihr zieht mich auf krankhafte Weise an... Wärt ihr nicht aus Marmor, würde ich euch sanft zur Seite schieben, versucht, dahinterzuschauen... Das morbideste Monument im oberen Laubengang ist jenes Raffaele Pienovis aus dem Jahre 1879, das vom unvergleichlichen Bildhauer Villa geschaffen wurde. Ein Mädchen, sicher die Tochter Pienovis, hebt, eher neugierig als verzweifelt, leicht das Bettuch an, das, elegant zerknautscht, den lieben Verstorbenen bis zum Kopf bedeckt, der auf zwei schönen Krankenkissen ruht.

Was sieht sie, die Signorina Pienovi? Eine ähnliche Neugier ergriff den Ehemann von Emma Bovary im Totenzimmer, sie ganz in Weiß gehüllt, zwischen den tropfenden Wachskerzen: »... behutsam und mit klopfendem Herzen hob er mit den Fingerspitzen den Schleier. Aber er schrie vor Entsetzen laut auf...« In einem Roman wird uns gesagt, was danach geschieht: ein Schrei, und dann der Rest der Geschichte... Aber die unaufgelöste Spannung der Statuengruppe ist etwas Unermeßliches, das Geheimnis verschließt sich unerbittlich. Da die Gruppe ein wenig erhöht steht, sieht der Besucher nicht, was sich unter dem Bettuch befindet... Könnte dort etwa nichts sein? Es war niemand in der Nähe... Ich bin hochgeklettert, habe nachgesehen... Ich habe nicht geschrien. Ich werde nicht sagen, was ich gesehen habe.

Venedig – sterben lassen

Zur Zeit des Povero Fornaretto* floß natürlich sehr viel schneller Blut in Venedig, auch wenn es heißt, daß die Straßen nachts allmählich unsicher werden. Normalerweise fahre ich im tiefsten Winter dorthin und begegne nur Betrunkenen... Aber seit der venezianische Karneval wiedererfunden wurde, ist es aus mit dem winterlichen Frieden in Venedig; was bleibt, ist nur ein Zwinkern zwischen dem zehnten und dem fünfundzwanzigsten Januar, danach herrscht wieder kulturelle Massenekstase, und der gigantische Croupier Venedig harkt erneut Unmengen schmutzigen Geldes zusammen.

In diesem Jahr habe ich eine spätsommerliche Erfahrung mit Venedig gemacht – und dabei in Padua übernachtet, weil es unmöglich war, in Venedig eine Unterkunft zu finden, und um mich den Dieбereien seiner Hoteliers zu verweigern, auch wenn ich die Spesen restlos erstattet bekomme. Ich war am Jom Kippur (27. September) dort und wollte dem Gottesdienst in der sephardischen Synagoge von Cannaregio beiwohnen, bis zum Erschallen des Schofar, der, nachdem die Sünden vergeben sind, das Ende der

Fastenzeit ankündigt. Zwar hielten unten junge Juden und Polizisten Wache, aber die Atmosphäre war entspannt und ruhig. Ich hatte böse Vorahnungen in bezug auf Rom: Was am Jom Kippur nicht geschah, war für Sukkoth geplant; ein Kinderfest ist ein besseres Angriffsziel. Meiner bescheidenen Meinung nach hätte der Anschlag auch ohne Krieg und Massaker im Libanon stattgefunden, da es sich um eine seit langem und sehr gut vorbereitete Sache handelte; und wenn man das, mit dem Säbel wild in der Luft herumfuchtelnd, »Antisemitismus« nennt, geht man der Wahrheit auf übliche Weise aus dem Weg. Die Anschläge auf die Synagogen sind heutzutage keine antisemitischen Angriffe, sondern *antiwestliche* Überfälle, kaltblütig geplant und durchgeführt, ohne inneren Wahn, nur dazu da, Wort-Inzucht zu provozieren, das Dunkel auszudehnen. In vielen Familien hält das Leid Einzug; das Ziel ist erreicht: die Verwirrung und den törichten Rückstoß der Wörter zu verstärken. Das kann heutzutage ein militärisches Ergebnis sein. Der *zu tötende* Jude ist nicht einmal mehr ein Zweck, er ist ein Mittel, nur eine Äußerung unter vielen anderen in einem Plan der Endlösung, der alle Kontinente umfaßt. Wir alle sind darauf reduziert, *Mittel* zu sein: für Mörderorganisationen ebenso wie für die Waschmittelreklame.

Es ist schwierig, Attentate wie die von Rom oder Paris in einer Stadt zu planen, in der keine Autos fahren. Die Motorisierung ist zur wichtigsten Waffe jedes mittelmäßigen Mörders geworden, und das außerordentliche Privileg Venedigs liegt in der Abwesenheit von Autos auf seinen Straßen. Auch in Pompeji fahren sie nicht, aber da handelt es sich um eine Stadt des Todes. Venedig besitzt neben der verwesenden Schönheit (das Verwesen der Schönheit, selbst wenn sie aus Fleisch ist, läßt neue Schönheit entstehen) das Geschenk des Lebens: Die Stadt ist ein atmender Organismus, ihr Frieden ist nicht der einer Totenstadt. Man kann unendlich staunen über ein derartiges Wunder. Man könnte Venedig wie einen Ort heiliger Mysterien durchschreiten, auch wenn es als Dirne in die Geschichte eingegangen ist. Venedig ist ein riesiger Fliegenfänger für Touristen geworden, das Touristeninsekt bedeckt in Schwärmen die Dachgesimse, die Fensterbänke, die Vorhänge, die Fußböden, die Rahmen, einfach alles. Es verschlingt alles. Es hat Hunger auf alles. Woher stammt eine derartige Gier? Warum so viel Hunger? Läßt er sich nicht woanders stillen?

Versuchen Sie sich einmal darin, Neues über Venedig zu sagen, wenn Sie nicht ein ausgezeichneter Schriftsteller sind! Es ist einfach unmöglich, da muß man zusätzlich Akrobat sein ... Alles Originelle, was man darüber sagen konnte, ist gesagt worden; wer noch einmal davon spricht, kann Gefahr laufen, abstoßend zu sein. Wenn der Herausgeber einer Zeitung den Ruf eines armen Schriftstellers ruinieren will, braucht er ihn bloß nach Venedig zu schicken: fahr hin und versuch, etwas Außergewöhnliches zu sagen ...

Das Ungewöhnliche existiert in Venedig noch immer; man kann das Gewöhnliche wiederentdecken, indem man das Außergewöhnliche daraus hervorschält; es gibt sie, die in den versunkenen Wracks begrabenen Geldschränke. Aber man ist versucht, es bleibenzulassen: Warum die Ausbeuter des Tourismus auf dumme Gedanken bringen? Es gibt dort ein Kulturamt, in dem Tag und Nacht geplant wird: der Palazzo, in dem es sich befindet, leuchtet nachts, als wäre er eine Schmiede. Dort werden die Ausstellungen, die Karnevals, die Festivals, die Revivals, die Kongresse, das Freilichttheater vorbereitet, die Bälle am Kanal, die Prähistorie der Gondel, das etruskische Venedig, Tizian und die Läuse, das Tarot der Dogen, die Köpfe von Othello (er war vielköpfig), das Präservativ als Schutz vor Geschlechtskrankheiten zur Zeit Goldonis, Gozzi und der Leistenbruch, die Giudecca und das Bauhaus, Briefe von Vivaldi an Strawinsky, die Bleikammern und die Musik, Napoleon, Thomas Mann, Ezra Pound, die Marx-Brothers...

Ich war am Samstag und am Sonntag dort; es war noch sehr warm. Aber das konnte man nicht *vaporetti* nennen: Menschliche Pyramiden waren das. Inder, Japaner, Afrikaner, Amerikaner; ganz Europa, der ganze Orient und der ganze Okzident. Sie standen ebenso Schlange, um in die Kirche San Marco hineinzugelangen, wie um sich zum Essen an einen Tisch zu setzen; sie wetzten alle Treppenstufen blank. Auf der Piazza San Marco gab es Musikkapellen, um sie zu betäuben, kleine Caféorchester, um ihnen mehr Geld aus der Tasche zu ziehen, und die neuen, von der verbrecherischen japanischen Lärmindustrie erfundenen Riesentransistoren. Sie ent-deckten nicht: sie be-deckten Venedig. Ein armseliger Tee aus dem Beutel, dazu Musik aus der *Lustigen Witwe*: viertausendeinhundert Lire.

Es gibt verschiedene Stufen des einfältigen Gesichtsausdrucks: Den Rekord halten die japanischen Touristen. Sie zu sehen bestürzt mich, macht mir Lust, Selbstmord zu begehen, aus einer Welt zu verschwinden, die aus dem Geburtsschmerz der Mütter Maschinenmenschen hervorzieht, die so leidenschaftlich beglückt sind, mit einer Leica hantieren zu können. Als nächstes kommen die Holländer, groß, sehr groß, lichtundurchlässig wie ihre Käselaibe, bis zur Verrohung wohlgenährt. Und ähnlich arm an Lichtblicken sind fast alle nordischen Menschen, alte und junge, außer den Engländern und einigen Franzosen aus den weniger regnerischen Departements. O Gott, welch ein Europa! Es ist für Ketten gemacht, nicht für die Freiheit! Nur die Klippen von Dover sind nicht zum Verkauf ausgeschrieben (vielleicht), der ganze Rest ist käuflich ... Diese

Frauen aus dem Norden! Blonde, dreckigem Wasser entstiegene Drachen, geruchlos und doch schmutzig, bedeckt von einem unsichtbaren, unschuldigen Schmutz, der von der unerbittlichen Ausscheidung moralischer Trägheit hervorgebracht wird, von der vollständigen Abwesenheit moralischen Zweifels; die Ernährung auf Basis von Kartoffeln, Kohl, Schweinefleisch und Kohlehydraten, von Dosengerichten, in Kühlschränken gereiften exotischen Früchten, von Milch, die vom Chemiker gemolken wird, ist wie ein ständiges Unterbeschußnehmen der geistigen und seelischen Zentren, der Orte, an denen das Gewissen lebt. Wo bleibt das Schamgefühl, zum Teufel? Sie sitzen breitbeinig auf den Treppen, sie würden ihre Unterhosen als Aschenbecher benutzen, wenn es nicht die verwitterten Steine gäbe, die geistige Höhlung des Steins, der seinen Gesang vollständig aus sich herausgepreßt hat.

Venedig schwimmt nicht nur in einem aus klebriger Einfalt bestehenden Menschenmeer. Die Stadt zieht alles an, sogar das Schöne, manchmal sogar das Geistige, das Vorherbestimmte. Seine Touristenmassen wären eine unerträgliche Hölle, wenn es darin nicht wirkliche Gesichter zu entdecken gäbe, Gesichter, die nicht von der Dummheit verdammt sind. Es ist ein Felsblock mit Gold darin, wenig nur, aber doch Gold. Da sind Menschen, die sich in der Nachahmung von Verhaltensweisen verloren haben und über alles natürlich Affenartige hinaus zum Affen verkommen sind: Es reicht zu sehen, wie sie alle gemeinsam, auch ohne ein Kommando, die Augen auf die Sehenswürdigkeiten richten oder auf die elendige kleine Maschine drücken. Aber wie viele Einzelgänger es auch gibt! Die am häufigsten anzutreffende Gruppe in Venedig ist das Paar: eins plus eins, fünfhunderttausendfach wiederholte Verluste und Erfüllungen, wo eine beseelte Stirn wie eine Fata Morgana in einem ausgedehnten Salzlager ist.

Warum zieht Venedig sie an? Weil sie, ohne es zu wissen, in unbewohnbaren Städten oder in heruntergekommenen Landstrichen leben. Sie kommen, um das Wunder der Wunder zu sehen: die Abwesenheit des Automobils. Sie gehen spazieren und lachen ... Unglaublich ist die Industrie für den Magen. Venedig verkauft fast ohne Unterlaß Nahrung an Leute, denen es wenigstens für einige Stunden genügen sollte, mit leerem Magen herumzustreunen, was schon eine Art ist, sich zu füllen. Für die Verdauung bleibt kein Platz. Normalerweise frühstücken sie um neun im Hotel; um halb eins sind sie im Restaurant; um vier verzehren sie Eis, Kaffee, Torten, kleine Kuchen, Salzgebäck und andere Schweinereien aus den Bars; um halb acht tost in den Restaurants erneut der Lärm von den Stimmen der Kauenden, die große Polka der Unterkiefer geht weiter; um zehn sind sie wieder in den Cafés, saufen Alkohol und essen Obst, Süßigkeiten, geröstete Erdnüsse, Kokosnüsse und noch einmal Eis, das sie am Kiosk gekauft haben. Macht Venedig hungrig? Auch das ist merkwürdig. Vielleicht machen die Ferien den Magen schneller leer? Will der Magen etwa zum Ausgleich für den wahnwitzigen geistigen Durchfall um so mehr gefüllt werden? Um Mitternacht sieht man sie immer noch essen ... Erschöpft holen sie Brötchen aus dem Rucksack und lassen Bierdosen im Kanal schwimmen, während sie auf den Nachtzug warten.

Überall in Venedig wird gegessen, und zwar sehr schlecht. Vielleicht halten nur noch einige wenige Restaurants den Massen stand und mit knapper Not die Qualität; die anderen sind ein Elend. Die Dummheit der Touristen verrät sich sofort und unfehlbar durch ihre unkritische Allesfresserei, von der die Händler der vollen Teller erbarmungslos profitieren. Dem Japaner, der frischen Fisch aus der Adria zu essen glaubt, wird Tiefgekühltes angeboten, von Hochseefischern in seinen Breitengraden gefischt und nach dem Fang an Bord sofort mit Kobalt behandelt – aber an der Rialto-Brücke! In der Frezzeria San Marco! In der Calle Specchieri! In San Moisé! In Cannaregio! Den sympathischen Pärchen, wenn ich welche an den Tischen sitzen sehe, wie sie treuherzig die verlogene Karte studieren (Siebzigjährige, die zum hundertsten Mal nach Venedig zurückgekommen sind, verliebte junge Leute, in denen noch ein Lächeln lebt und die sich ohne Langeweile ansehen), würde ich mich gerne nähern, sie warnen, paßt auf, ihr Lieben, fallt nicht darauf rein, ihr verderbt euch die Seele, fastet einen Tag lang, und ihr werdet Venedig mit klareren Augen anschauen können, ich beschwöre euch, trinkt diesen entsetzlichen Wein nicht, er wird euer inneres Licht ersticken, und das ist schon jetzt nicht mehr als ein schwacher Schein ... Nein, ich kann es nicht tun, sie würden es nicht verstehen, vielleicht würden sie mir, auch wenn sie noch so sympathisch aussehen, als Antwort einen Faustschlag auf die Nase versetzen, die doch so leicht blutet, oder sie würden mich mit einem Geldangebot entwürdigen, im Glauben, daß ich mich auf ihren Platz setzen und verwerfliche Spaghetti alla Carbonara bestellen möchte. Um Mißverständnisse und Schmerzen zu vermeiden, muß man sofort vergessen, daß man eine gute Tat im Sinn hatte.

Dieses außergewöhnliche Fest ist nicht vulgär. Venedig gelingt es auf irgendeine Weise, die Massen an Rohlingen, von denen es passiv vergewaltigt wird, in eine fast anständige Menschheit zu verwandeln. Die Szenerie, die städtische Ausstattung läutern sie. Aber es ist doch eine Täuschung: Die Rohlinge, deren Gesichter am Tempel der Salute-Kirche weniger roh erscheinen, kommen als um so größere Rohlinge wieder zum Vorschein, sobald sie an ihren Autos oder bei den Bussen angelangt sind, die am Piazzale Roma auf sie warten – ein Name, der Barbareien ankündigt. Und doch werden Rohlinge, Einfältige, Unwürdige, Schurken, erschöpfte Besucher aus dem Norden, dem Süden, dem ganzen verkommenen Orient, den vielen smogbedeckten Ruhrgebieten einen Augenblick lang erlöst – und zwar durch genau den engelgleichen Zauber, der von einer angefressenen, mit Kot beschmutzten, zutiefst verfallenen Schönheit ausgeht; erlöst auch durch die Macht des Wunders, das auf geheimnisvolle Weise noch immer aus all der Mühe hervorstrahlt, die Plejaden von geduldigen Schöpfern im Hinblick auf eine hochmütig einzigartige Kultur erbracht haben, auf daß diese den Tod durch die Hingabe jedes Augenblicks an die Lebensfreude hintergehe, auch unter einer so grausamen Regierung wie der chinesischen oder der türkischen, und immer die Pest im Hinterhalt; sie werden erlöst, indem Venedig sie im wirbelnden Kaleidoskop des nie Gleichbleibenden, das sie ergreift und von einer Brücke an ein Ufer, von einem Hauptgesims in einen Laubengang wirft, sogar vergessen läßt, daß der Tod kommen wird.

Eine derart unbeständige und theatralische Erlösung ist zwar nicht viel wert, aber das Schicksal Venedigs macht mich neugierig. Über die Metamorphose einer berühmten mediterranen Republik in eine Art festlichen Sündenbock der universalen Sünde systematischer Zerstörung der Schönheit der Welt muß gründlich nachgedacht werden. Venedig entlastet seine Besucher von großen Übeln und unbewußten Übelkeiten und belädt sich damit selbst bis zum Bersten. Es wird sich nie davon läutern können. Es wird nicht überleben.

Es ist augenfällig, daß man Venedig sterben lassen muß. Der Beruf des *vidangeur* einer so schwarzen Sünde ist tödlich. Und ein gerettetes, restauriertes Venedig würde seine kathartische Macht verlieren: und dann grundlos überleben.

Der Gedanke macht dennoch schwermütig, daß die

letzte Station von soviel menschlicher Mühe, die in dieses Rätsel belagerter und mittlerweile untergehender Schönheit eingegangen ist, ein wimmelndes Krankenhaus für nervöse Leiden ist, groß wie das ganze Lagunenbecken, ein Zufluchtsort für eine Unzahl von Halbverrückten, für Menschenmassen, die dort nicht geheilt werden, sondern deren stumpfe Gesichter durch den Widerschein des venezianischen Feuers zum Leuchten gebracht werden.

Ich vergaß, daß auch der Einwohner, der Bürger Venedigs existiert. Nur ihm allein ist es gegeben, sich in Venedig des Sterbens zu entsinnen, den Schmerz des Lebens zu kennen, das Leben dort ohne Illusionen zu verbringen und an einem anderen Ort nach etwas zu suchen, was nicht von dieser Welt ist.

Der vor die Tür gesetzte Wahnsinn

Ich bin nicht nach Lucca zurückgekehrt, um das Gesicht und die friedvoll zurechtgelegten Hände Ilaria del Carrettos auf ihrem beseelten Sarkophag wiederzusehen, wo das treue Hündchen noch die laue Wärme der Füße unter den Falten des Kleides spürt, sondern weil ich die friedlosen Gesichter sehen wollte, die das ehemalige Kloster, das ehemalige große Irrenhaus, Fregionaia genannt, auf dem Hügel von Maggiano noch heute beherbergt.

Es ist die Irrenanstalt, die unter dem Namen Magliano berühmt geworden ist, durch die Erzählungen Mario Tobinos, der dreißig Jahre lang Direktor der Frauenabteilung war; und besonders durch sein letztes Buch, seinen Abschied von der Anstalt, die von der Revolutionierung der Psychiatrie demontiert wurde – *Gli ultimi giorni di Ma-*

gliano, erschienen bei Mondadori, sicher eine Lektüre wert, denn es ist kein unnützes Buch.

Es enthält die schonungslose Gewißheit, daß der Wahnsinn existiert, unter Qualen und in einem verzweifelten Gesang schreit Tobino sie seinen Verleugnern entgegen und wiederholt auf jeder Seite, der Wahnsinn existiert, er existiert, er existiert ... Das Buch enthält auch ein implizites, schwer zu verdauendes, aber auf treffliche Weise kathartisches Lob des Wahnsinns. Hier siegt der Philosoph über den Psychiater. Denken wir einen Augenblick freimütig darüber nach: Der Verzicht auf Wahnsinn hätte eine sofortige, furchtbare Verarmung der Welt zur Folge. Tobino, der wie jeder andere Psychiater in seinen Abteilungen der Fregionaia Psychopharmaka eingesetzt hat, stellt sich die Frage eines Moralisten, die es verdient, aufgegriffen zu werden: Ist es denn richtig? Ist das Allheilmittel aller Behandlungen eine wirkliche Behandlung? Haben wir dem Verrückten nicht seinen verqueren Mittelpunkt geraubt, seine unteilbare tragische Realität, seine magische Peitsche, seine stolze Einmaligkeit, seine emblematische Revolte, also das, was sein Sein ausmachte?

Tobinos Buch lügt nicht. Die Übriggebliebenen, rund fünfhundert von zweitausend, diejenigen, die den alten Mauern und Treppen am treuesten ergeben sind, die Einsamsten, die Unheilbarsten, die Resistentesten gegenüber der Enteignung ihres Seins sind nicht mehr wirkliche Verrückte. Diese Abschaffung des Wahnsinns ist nicht so sehr das Werk des frenetischen, an Rousseau orientierten Denkens Basaglias* (»Es ist die Institution des Irrenhauses, die den Wahnsinn hervorbringt«, der Mensch wird geistig gesund geboren, aber aus Gründen sozialer Repression »für verrückt erklärt«: Rousseau-Paraphrase, plus Marx aus dem Katechismus, plus demokratischer Götzendienst), es ist vielmehr eine Folge des Mittels, das das Schicksal an einem bestimmten Tag sowohl den Psychiatern wie auch den Antipsychiatern, sowohl den Gesetzgebern wie auch den Familien in die Hand gegeben hat, das chemische Werkzeug, das Psychopharmakum.

Es war ein unerwarteter Pilz. Die Labors machten Jagd auf ein Lösungsmittel für antibiotische Schimmelpilze, und während sie die Moleküle kombinierten, entdeckten sie statt dessen eine Substanz, die Wutanfälle erstickte, Delirien auslöschte, die Dämonen, grauenhafte Visionen, zwanghafte Anfälle besänftigte oder beseitigte, eine Substanz, die Zwangsvorstellungen durchbohrte, Melancholien betäubte und die der Lypomanie, der Paranoia, der Schizophrenie Schach bot ... Das Jahr 1952, in dem das erste Psychopharmakum, das Largactil, entdeckt wurde, ist gleichermaßen historisch wie das Jahr des ersten Aspirins (ein weiterer Vertreter einer unheimlichen stillen Revolution, der Anti-Schmerz-Revolution), des ersten Sulfonamids, des ersten Antibiotikums. Schon vorher wurden Drogen eingesetzt, aber diese schien weniger giftig und wirksamer zu sein. Ich weiß nicht, wie viele es davon inzwischen gibt, es werden Hunderte verschiedener Typen sein.

Der demokratische Götze läßt keine Ungleichheiten zu. Wer ist ungleicher als der Verrückte? Man kann ihm gern erklären: Du bist für mich genauso wie ich, gesund geboren und geblieben, nur *durch einen Zufall* anders geworden – der Verrückte verabscheut dieses Geschwätz, das ihn feige ins Formlose und in die soziale Unordnung, die unser Aquarium ausmachen, zurückjagt, denn in seinem Innersten, auch wenn es ihn in Krämpfen quält, liebt er das eigene Abenteuer im Schlaf der Vernunft, wo er eine andere Ordnung, ein abweichendes Fundament der Welt erahnt hat. Wir werden nie wissen, durch wieviel Finsternis er während seiner Reise gegangen ist, und ebensowenig, wieviel Licht ihm begegnet ist. Das Psychopharmakum ist diejenige revolutionäre Kraft, die jeder Widerspenstigkeit, jedem Aufstand gegen die Verhaltensgleichheit gegenüber am intolerantesten ist. Um wirklich den Wahnsinn zu verleugnen, muß man auf die chemische Zwangsjacke verzichten; wenn du diese aber unterdrückst, hast du ihn wieder vor dir, den Wahnsinn, bedrohlich und knurrend, allmächtig...

»Unmöglich, auf das Psychopharmakum zu verzichten!«

Einverstanden. Vielleicht ist es nicht mehr möglich, und doch ist etwas nicht richtig. Es wäre zu einfach. Man schafft den Wahnsinn nicht durch eine Abstimmung der Parlamentarier ab. Man macht den Verrückten nicht *normal*, indem man seine Anormalität einschläfert.

Und jetzt ist die ehemalige Irrenanstalt das Haus des Schlafes, das Vorzimmer des Todes. Man bewegt sich über die Hügel und Schluchten des Wahnsinns, den zu nennen das Gesetz Nr. 180 mittlerweile verbietet (wehe dem, der ihn nennt, außer demjenigen gegenüber, mit dem ein Einverständnis über seine Existenz besteht, eine Art Geheimbund von Gläubigen; oder aber man löst eine neue Art von Delirium aus, das Delirium des soziologischen Gemeinplatzes), wie zwischen den erkalteten Trümmern einer bombardierten, nahezu atomisierten Stadt. Es herrscht eine ernste Stille, nur von der absurden, gleichmacherischen Stimme des Fernsehers durchbrochen, der zwangsneurotisch überall präsent ist und der von jenen Augen angestarrt wird, in denen ein unlösbares Rätsel noch immer lebt, versteinert zwar, mumifiziert von der Gewalt des Arzneimittels, angestarrt, so, wie der Fernseher es verdient: mit souveräner Gleichgültigkeit. Wir begeistern uns für die Norm... Welches mentale Gleichgewicht, welche Ordnung, welche psychische Harmonie mag in diesen Milliarden von Denkern stecken, die sich jeden Abend verblöden und superverblöden und hyperverblöden lassen, und das manchmal vierundzwanzig oder fünfundzwanzig Stunden lang, von einem Bildschirm, der ohne Ende Kriminalität und Dummheit ausspeit, der einen von nichtexistierenden Wundern überzeugt, der immergleiche Gefühle hervorruft und alles, absolut alles in falsches Licht taucht?

Das Psychopharmakum ist nicht allmächtig – es kann den Patienten nicht für einen Fernseher interessieren, es kann ihm nur die Faust bandagieren, mit der er diesen vollkommen mühelos entzweischlagen würde, weil die Demokratie des Fernsehens ihn sicherlich stört. Ich habe Verrückte gesehen, die mit ungeniert entblößten Genitalien schliefen und dabei mehr denn je allein und einsam waren, zu Füßen des Götzen, in dem sich die geleckten Sprecher der Nachrichtensendung mit Meldungen vom in Flammen stehenden Patagonien und vom Auf und Ab des Gold- und Ölpreises abwechselten. Ich dachte dabei an eine Bemerkung von Valéry: Der Affe im Zoo, der uns eine Handvoll Exkremente ins Gesicht schmeißt, beurteilt uns auf gesunde Weise.

Die von der Neutronenbombe getroffene Stadt: Scheinbar wurde nichts berührt, aber alles ist erloschen. Durch die Korridore streichen Schatten … Es ist noch kalt, aber mehrere von ihnen stehen draußen vereinzelt herum, am Fuß der Mauern, und schlafen oder lächeln den an, der sie grüßt, wie Halberloschene. »Fast alle bewegen sich langsam, wie benebelt, aufgrund jener Tropfen und Pillen.« Man faulenzt in den Irrenhäusern, sehr viel mehr als vorher; man vegetiert traurig vor sich hin. Ein Gehirn, auch wenn es krank ist, kann nicht jeden Tag mit Drogen betäubt werden, wenn es aktiv sein soll. Wo sind die Maler abgeblieben? Die Malerei der Verrückten war voll von Bedeutungen, manchmal voller Freude, der Alptraum wurde als

Gesamtes auf das Bildchen übertragen, nicht so kunstvoll wie bei Füssli oder Blake, aber mit der ganzen Energie des Untergrundes, aus dem er hervorkam. Was hätte Vincent van Gogh in Saint-Rémy gemacht, wenn er mit Psychopharmaka behandelt worden wäre? Wäre er noch in den Ruhepausen zwischen den Delirien mit seinem bescheidenen Künstlergepäck hinausgezogen, zu den Mandeln, Zypressen, zu den wundervollen blühenden Saatfeldern, den Zigeunern, den Freudenhäusern? War Vincent ein Gefangener? War seine Verrücktheit von der Unterdrückung erzeugt worden oder von den ihn tröstenden Mauern Saint-Rémys?

Das Psychopharmakum befreit uns vom Verrückten: Das ist nicht zu leugnen. Es bindet ihn, macht aus ihm eine gut verpackte Larve, einen ewig Stillen. Aber daß es ihn befreie, bleibt fragwürdig ... Weg mit den Barrieren, sehr gut: In der Fregionaia waren die Barrieren schon seit einiger Zeit gefallen, ohne das Gesetz Nr. 180 abzuwarten. Aber die chemischen Barrieren? Das unsichtbare Gitter? Man hört keinen einzigen Schrei mehr, nur sporadisch den einen oder anderen, unterdrückten eintönigen Singsang: Reicht die Stille aus, um zu sagen, daß der Verstand in Frieden lebt? Die Gesichter sagen nein. Wenn sie etwas brauchen, dann ist es Liebe – oder deren schattenhafter Ersatz, ein wenig Anteilnahme. Bei einigen, die noch eingeschlossen sind und überwacht werden, ist das Psychopharmakum machtlos. Ich habe sie liegen sehen, mit einem Laken bedeckt, flach darunter ausgestreckt mit angehaltenem Atem wie Fakire: Aber von diesem Bett aus kann blitzartig noch eine Säule aus Feuer und Lava emporgeschleudert werden.

Die Revolution ist vorbei: Zur Zeit herrscht in den neuen psychiatrischen Anstalten die Anarchie; sie bewirkt zweifache Verzweiflung: die der Kranken und ihrer Familien, die der Krankenschwestern und der Ärzte. Tobino berichtet von einem Selbstmord nach dem anderen: Unter den Herausgeworfenen (mit der engelhaften Formel: *in das soziale Leben Reintegrierte*) haben die Melancholie, die Unfähigkeit zur Anpassung, das wirkliche oder eingebildete Zurückgestoßenwerden seitens der Verwandten ein Blutbad angerichtet. Vom neuesten Totschlag (die Lebensgefährtin eines Reintegrierten wurde von diesem durch Schläge mit einem Bügeleisen getötet) habe ich hier erfahren. Die alten Krankenpfleger waren keine Folterknechte der SS oder des Irrenhauses für politische Häftlinge: Sie reden mitmenschlich und mit einer Weisheit, die ich hingegen nicht im Wortschwall einer Wortsüchtigen wiederfinde, die wortwörtlich vom neuen Wort verstört ist: »Jeder von ihnen hat ein kleines Problem ... klein, aber sie werden es lösen müssen ... auf psychopädagogischer Ebene ... das soziale Leben ...« Danke. Auf Wiedersehen. Ich habe keine Lust, dir zuzuhören, Idiotin.

In der unendlich großen Fregionaia, die inzwischen ausschließlich alte, chronisch Verrückte aufnimmt, gibt es ein Muster von einer psychiatrischen Bibliothek, die von Doktor Giovan Battista Giordano, dem Archivar und Historiker der Irrenanstalten, zu der Zeit, als er zusammen mit Tobino die Männerabteilungen leitete, angelegt worden ist. Darin ist der Wahnsinn von der Zeit gezähmt worden, oder aber er brodelt taub in den Worten ... Fälle über Fälle in den alten Texten, leidenschaftliche Reisen in die unfaßbarste der menschlichen Krankheiten ... (Wie die verzauberte Grotte im *Gerusalemme* »dehnt sich die geistige Krankheit um so weiter aus, je tiefer sie ins Innere vordringt«.) Auf der anderen Seite des Analyselabors ruht ein kleines Museum mit alten Utensilien, ein paar Algen aus den Zellen mit Schlafmatte, der Kasten für Elektroschocks, eine Geburtszange ... In der Fregionaia kamen auch Kinder zur

Welt, aber kaum, um auf den Wiesen herumzulaufen oder in der Schule zu glänzen ...

Das Buch Tobinos ist nicht nur ein polemisches Pamphlet: Es ist vielmehr ein lyrisches Zeugnis, in Teilen eine Ode, eine Hymne, dem Schmerz gewidmet, der Wahrheit des Schmerzes. In der Stille des großen eingeschläferten Hauses laufen seine feurigen Einfälle umher, voll großer stilistischer Kraft, dem Stil des *Semmelweis* von Céline vergleichbar. Oft findet man bei ihm das Zeichen des wahren Schriftstellers. Häufig wird von Lucca gesprochen, und Tobino ist ein absolut ungewöhnlicher Stadtführer für Lucca. Es genügt schon der Abschnitt über die Via Streghi. Wenn man dort einfach so, unvorbereitet, vorbeikommt, scheint sie nichts zu enthüllen. Tobino besingt sie wie ein Dichter, er beseelt ihre Häuser, versieht sie mit dem Leid dessen, womit er sich zwischen den Mauern Maggianos beladen hat. Sein Lucca ist phantastisch und nächtlich, ein Stück empfindsamer Geographie wie das Toledo des El Greco.

Italsider ist schön

I.

Wenn es überhaupt etwas gibt, was die so wenig menschliche Italsider mit etwas Menschlichem oder beinahe Menschlichem versieht, dann ist es das Heruntertropfen ihrer metallenen Lava mehr aus dem Traum als aus kalter Berechnung heraus. Es ist gut möglich, daß die industrielle Fehlkalkulation keinen vorhersehbaren Ursprung hat: Diejenige der italienischen Eisenindustrie mag heutzutage ebenso riesig sein wie ihre Anlagen, auf jeden Fall ist sie entschuldbarer als die fixe Idee, um jeden Preis Kinder haben zu müssen. Auch wenn im Übermaß hellglänzendes verzinntes Blech hergestellt wird, so ist das kein Zeichen für Schuld wie hingegen ein Kind, das operativ verpflanzt und ohne jeden Glanz geboren wurde.

Nichts auf der Welt gehorcht den Regeln der Sparsamkeit, und die unnütze Verschwendung ist das versteckte Gesetz und der notwendige Wurm auch für die Wirtschaft dieses Planeten. Die Italsider kämpft verzweifelt darum, nicht zu schrumpfen, sich zu entwickeln und immer weiter auszudehnen, mit dem Blick auf einen unbegrenzten Markt, den es nicht gibt oder der sich ihr entzieht; man kann sagen, daß sie um so mehr wächst, je enger der Weltmarkt der Stahlindustrie wird. Es zählen weder hohe Kosten noch Kürzungen der EG: Je geringer die Nachfrage ist, um so stärker vervielfältigt die Italsider ihr Angebot und um so mehr perfektioniert sie ihr Produkt, in der Hoffnung, daß das Blech die Schieferdächer ersetzen könne, eines der wenigen Dinge, die in Genua noch an unbeschreiblich Genuesischem überleben, oder in der Hoffnung, daß die Eskimos Panzer kaufen.

Die Gewerkschaften bestehen mit der dickköpfigen Infantilität Geisteskranker darauf, daß alles, was man will, auch machbar ist: Es reicht die vertikale *bona voluntas*, und schon zerspringt der Fels, schon schießen große Absatzmärkte für die Italsider hervor. Der mystischen Gewerkschaftstheologie zufolge muß man immer mehr Roboter und Maschinen einsetzen (andernfalls verweigert man sich dem Fortschritt), ohne aber im geringsten an Entlassungen zu denken: Man muß drastisch den Bedarf an Arbeitskräften, aber nicht die Zahl der Arbeitskräfte verringern (sie im Gegenteil erhöhen), auf die Gefahr hin, daß sie sich im Leerlauf durch die Industrieanlagen bewegen und dabei den Juckreiz der Maschinen simulieren, ganz wie ein phantastisches Orchester, das auf einem riesengroßen Platz allein mit Gesten den Trauermarsch von Mahler aufführt, während der Ton von technischen Aufnahmequellen aus mechanisch übertragen wird, den aber – um ein Podium jubilierender Autoritäten herum – nur wenige Ohren zahlenden Publikums überhaupt aufnehmen.

Wo es eine Italsider gibt, gibt es auch eine Stadt, die bangt und lärmt und sich aufs dringlichste ein akutes Fieber wünscht, auch wenn ihr das nicht gut bekommt. Demonstrationszug folgt auf Demonstrationszug, um das Wunder zu erbitten und zu gebieten, daß es, wenn schon weniger Absatzmärkte, dann aber um so mehr Italsider geben möge. Der Slogan, der nicht auftaucht, sich jedoch in allen Köpfen befindet, lautet: ITALSIDER IST SCHÖN, ein Gedanke von sicherlich krankhafter Herkunft.

Die italienischen Regierungen setzen sich ausschließlich aus Italoskeptikern zusammen, die ebensosehr an Wunder glauben wie eine Kuh an die Möglichkeit, in einem Angriff der leichten Kavallerie eingesetzt zu werden: Wie soll man denn diese Kundgebungen enttäuschen, die vor Gewerkschaftsmitgliedern brodeln wie geschmolzenes Gußeisen, wie soll man es anstellen, jene Theologen mit den so überzeugten Gesichtern nicht zu verstimmen? Die öffentlichen Gelder sind im Grunde zu nichts anderem da, als aus vollen Händen an kollektive Halluzinationen verteilt zu werden, ausgegeben zu werden, um die wachsenden unbewußten Bedürfnisse der Massen zu befriedigen, deren so dumpfe wie gewalttätige Träume niemand kontrollieren kann.

In Cornigliano hatten meine höflichen Gastgeber – ohne zu wissen, daß mich an der Italsider nichts als das Traumähnliche und das Unterweltliche anzieht, während sich meinetwegen die Probleme der Eisenindustrie im Unendlichen auflösen mögen – mich unverzüglich von der Übereinkunft mit der Privatindustrie informiert, die Anlage zu zerteilen und mittels Wachstumsförderung zu retten. Es gab eine Übereinkunft – und kurz darauf hat sie sich verflüchtigt, um zu verhindern, daß das Reale das Imaginäre in Besitz nehme, damit das Stahlseil, auf dem die nachtwandlerische Italsider spazierengeht, ohne Netz bleibe. Ich bin froh darüber, denn die Niederlage, nicht der Erfolg, gibt mir die einzige Möglichkeit, mit der Italsider zu sympathisieren, die so lange interessant bleibt, wie sie eine Stahlstadt der Einbildung und der Fata Morgana ist.

Wer diese Anlagen der Eisenverhüttung mit integrierter Walzstraße nicht besichtigt und sich dabei eine Zeitlang in ihrer wunderbaren Einsamkeit abgesondert hat, wird nur ein schwaches Bild von dem haben, was Kraft heißt, technische Kraft, dunkle Kraft. Wenn der Hochofen das Tabernakel der Gottheit ist, dann ist das Walzwerk eine Kathedrale, in der die Orgelpfeifen ohne Unterlaß die merkwürdige Klage der gezähmten Materie von sich geben, die den enormen Zwang der Fesselung durch den Menschen erleidet.

In Cornigliano verstärken die farbigen Glasfenster im Walzwerk den Eindruck eines Kirchenschiffs: mit dem Unterschied, daß das Gebet sich hier nach unten richtet. Auf jeden Fall ist der Ort, auch wenn er der Unterwelt geweiht ist, weniger bedrückend, als man sich vorstellen könnte: Ich weiß nicht, ob es Täuschung oder Selbsttäuschung ist, aber man empfindet so etwas wie mysteriöse Befreiung ... Vielleicht eine Befreiung vom Gewicht und von der Verantwortung des Fleisches, so unerbittlich vernichtet die Kraft der Technik alles, was schwach, zart, aus Wasser bestehend, individuell und sterblich ist. In Chartres, in Trani, in Bamberg, in Straßburg hört man zwischen den Pfeilern die Unsterblichkeit der Seele atmen; in der Italsider von Cornigliano hört man die Unsterblichkeit der Materie, die Ewigkeit der Kraft.

Auch das, was man »Arbeitsplatz« nennt, ist ein Problem der Seele: Der Arbeitsplatz ist nicht so sehr ein Platz als vielmehr ein Existenzbedürfnis. Wenn man Angst hat, ihn zu verlieren, und wenn gleichzeitig durchaus Schutzmaßnahmen und Nothilfen existieren und sicherlich andere Formen, ein Auskommen zu erfinden, dann heißt das, daß nicht die Lohntüte das Wesentliche ist, sondern eine falsche Überzeugung. Wenn es sich um das Eisenverhüttungswerk handelt, wird die Angst, den Arbeitsplatz zu verlieren, wird dessen Vergötterung besorgniserregend: Was also bringt einem die Italsider (wo man sogar, wie mir ein Techniker sagte, »kürzer lebt«)?

Man ist permanent in eine dünne Gaswolke eingehüllt, und nichts dort drinnen, auch nicht die Luft und nicht das Meer und ebensowenig der Wildbach (in Cornigliano mündet der Polcevera, ein flüssiger Kadaver), vermittelt einem eine Vorstellung von Leben, außer der Kantine, in der es Frauen, Farben und dampfende Teller gibt. Die tiefenpsychologischen Motivationen sind Rätsel, immer...

Es ist so: Dort drinnen gibt es niemanden, der nach einer gewissen Zeit noch dazu fähig wäre, sich aus der Umarmung der Kraft zu lösen. Der Entzug wirklichen Lebens befreit von dessen Gewicht, von der Vielfalt ihrer zu vielen Gesichter (obwohl heutzutage alles so einförmig ist: Die Vielfalt hört nicht auf damit, sich selbst zu reproduzieren). Im Innern des Stahlwerks leidet man weniger, und die Kraft, Zeichen der unterweltlichen Ewigkeit, zusammen mit der offensichtlichen Unberührbarkeit des Stahls, seiner Unverletzbarkeit durch Gehirnschlag, Krebs, den Herzinfarkt, das Alter, vermindert sogar in Momenten der Gefahr die entsetzliche Angst vor dem Tod. Versucht nur einmal, jemandem, der zwischen Gammastrahlen in nächster Nähe des riesigen Brunnens aus elektrolytisch verzinntem Blech arbeitet, eine hochbezahlte Stelle als Pfleger von zwei oder drei altersschwachen Arteriosklerotikern anzubieten!

Blech ist rein, fehlerfrei, unsterblich. Der Arbeiter wird es nicht als aussätzige kleine Dose im Schutthaufen erblicken: Er verehrt es in seiner ursprünglichen trägen Vollkommenheit. Stahl kennt keine Ausscheidungen, Stahl erstickt dich nicht in einem Wortschwall (zu Hause gibt es die Frau, die Kinder, das dumme Videogerät), er verfault nicht wie eine Rose oder wie Kutteln. Das Walzwerk ist auf finstere Weise jungfräulich, verderbt und doch taufbar.

Ein zu Füßen der Sphinx kauernder kontemplativer Mensch ist glücklich, und ein schmächtiger Dichter hatte den Wunsch, zwischen den monströsen Brüsten einer Riesin zu schlafen: Wir spüren Entsetzen im Angesicht der Freiheit und werden daher immer von Riesen träumen und sie suchen. Und ein Eisenverhüttungswerk ist für viele der gesuchte Riese ... Kann man diese Brocken des Planeten, die vom Leben ausgeschlossen wurden, um Kraft zu produzieren, *Stahlwerke* nennen? Es sind künstliche Riesen, an die ich tausend Ängste sich klammern sehe.

Der Riese mißt sich mit dem Chaos und besiegt es: Dort sieht man es als glühendes Gußeisen in Schlangenform zu seinen Füßen liegen; der Mensch in Overall und Schutzhelm fühlt sich weniger unsicher, wenn er die Illusion hat, daß das Formlose gezähmt ist. (Außerhalb des Geheges zeigt sich ihm das entfesselte Chaos, in Form von Verkehr und erbitterten Geldkreisläufen, von Krankenhäusern, von nahen und fernen Kriegen, Informationsgehämmer, Verbrechertum, Politik). Ich habe gerade die unbewußten Motive von etwas entworfen, das sich *Italsiderabhängigkeit* nennen könnte, eine schwer heilbare Krankheit, die sogar Außenstehende anzustecken vermag. (In Gioia Tauro war man ganz versessen auf das Verhüttungswerk, auch um den Preis, jede Spur von Leben zu zerstören, um für das Werk Platz zu schaffen.)

Es wäre leicht, diesen asketischen Ausschluß des Lebens

als Bild des Todes zu bezeichnen; dem ist nicht so. Er ist ein Gewimmel von Anorganischem, das auf außerordentlich lebhafte Weise gärt, sich in Wirbeln dreht, aus dem jedoch (das ist sein dunkles Siegel) das Lebendige nicht hervorgehen kann; man glaubt der Verbrennung eines Sterns beizuwohnen. Zwischen Gebirgen von Koks und Milliarden von Rohren, die niemand zählen könnte, dort, wo das Meer von den Umrissen der vor Anker liegenden langen Schiffe versperrt ist, vergißt man auch das Häßliche, denn es ist überholt.

Das Häßliche entsteht durch die Vermischung, durch seine Vorherrschaft über das Schöne. In Cornigliano gibt es dafür ein hervorstechendes Beispiel, die noble Villa Durazzo-Bombrini, die vom Stahlwerk eingeschlossen ist und einst eine Schönheit war, als sie noch für sich zwischen viel Grün und dem Meer lag, jetzt ein Ausbund an Häßlichkeit, seit sie zu unklarem Ziel und Zweck von Kokereien und Hochöfen eingekesselt wurde. Widerwillig bin ich die Freitreppe der Villa hochgestiegen, abgestoßen von der Inkongruenz. Schmiedeeiserne Teile aus alten Schmieden finden sich verstreut hier und dort, ein düsterer Bebauungsplan verdirbt den mit Spiegeln und Fresken ausgestatteten Salon. Durch die großen Nordfenster schiebt sich das Bild eines verwüsteten Hügels ins Innere. Eine leere Honigwabe, zur Erinnerung aufbewahrt, durch staatlichen Erlaß. Auf einem Bild des Solimena zeigt Judith den gerade abgeschnittenen Kopf des Holofernes: Holofernes ist draußen, er lacht.

Das häßliche Äußere ist niederschmetternd. Beim Verlassen des Geländes habe ich den Zugriff der Italsiderabhängigkeit gespürt: Ich wäre gern sofort wieder in den finsteren Frieden des großen Walzwerks zurückgekehrt, wo die Arbeiter einem Gruß mit Vertrautheit und alter ligurischer Freundlichkeit begegnen. Es ist genauso wie in Bagnoli, aber hier ist die Verwüstung noch ausgeprägter und schauriger.

Diese zarten Hügel scheinen von einer Legion nicht menschlicher Bestien vergewaltigt, durch irgendeinen Zerfall von Sternen durchlöchert worden zu sein. Dabei handelt es sich um Bebauungspläne, die in Ratssälen diskutiert und gebilligt wurden und nun in der Phase ihrer Verwirklichung stecken. Das Beste soll noch kommen: Denn genau in jener ungeheuerlichen Verbindung von verschwendetem Boden und gescheitertem Zusammenleben, Inbegriff der herabgewürdigten Beziehung zwischen Mensch und Natur, wurde der ideale Raum für ein neues Verwaltungszentrum der Stadt entworfen, man weiß nicht, mit welchen Konnotationen von *Zentrum* und in welchem Maße dazu fähig zu *verwalten*, da sich seine Wurzeln in einem verpesteten Dunst von Tellurwasserstoff befinden, der sich in alle Richtungen ausbreitet und diejenigen regieren wird, die regieren, und dessen unsichtbare riesige Faust über allen Köpfen und deren Apparaturen schweben wird.

Phänomene, eindrucksvolle Dramen wie die Italsider dienen dazu, das Gehirn zum Arbeiten zu bringen, auch wenn sie einem das Herz nicht öffnen. Aber es bringt auf keinen einzigen Gedanken, über die Wirtschaft mit der Wirtschaft zu urteilen.

Die alte Hafenlaterne steht in der Nähe. Sie ist ein verirrtes Glühwürmchenweibchen, das niemanden mehr rettet, umgeben von Grundstücken, Felsen, Bauten, die von ununterbrochenen Krämpfen, von den Verrenkungen eines Titanen, dem Strychnin injiziert wurde, geschüttelt zu sein scheinen. Die Hafenlaterne wird, so sagt man mir, auf Wunsch der Selbstmordkandidaten erhalten, die es lieben, dort direkt am Meer zu baumeln; und sie ist traurig, inkongruent wie die Villa Bombrini in der Italsider, wie die Kirchen von Portoria und Piccapietra, die niemals mehr um sich herum das Herz der außergewöhnlichsten und verstecktesten italienischen Stadt schlagen hören werden, denn man hat es ihr herausgerissen, und zwar lebend herausgerissen, gesund und prall gefüllt mit wirbelnder Vergangenheit und unwiederbringlichen Wogen von Gefühl, und man hat es auf den Abfall geworfen, dorthin, wo die in Genua Verliebten, ein paar wenige gesittete Menschen, Vagabunden, die nicht wie solche aussehen, leidenschaftlich herumwühlen und es noch immer schlagen hören.

II.

Kein Ort in ganz Italien erscheint mir unerträglicher und unmenschlicher, um dort zu leben, als Neapel, aber wenn man nach Bagnoli fährt, in das Gehege der Italsider, ist man in einer Oase.

Es gibt zwei Möglichkeiten der Rettung in der neapolitanischen Hölle: Priester in der Kirche Gesú Nuovo zu sein (und dabei nur selten die Regel zu verletzen, sich niemals von ihrem goldenen Äskulapraum zu trennen) oder sich trotz aller angedrohten Kürzungen im Bereich des Stahls, der weicher als ein Omelett zu werden scheint, bei der Italsider in Bagnoli anstellen zu lassen, der Großmutter der nationalen Eisenindustrie, die angestrengt dabei ist, eine Verjüngungskur zu machen. So erkläre ich mir, warum alle, die dort arbeiten, ihrem Arbeitsplatz dermaßen zugetan sind und sogar als Arbeitslose, als Kurzarbeiter, als Entlassene dort bleiben möchten; der Italsiderarbeiter aus Bagnoli ist ein Flüchtling aus Neapel und Umgebung, es ist ihm ein Graus, wieder dorthin zurückgejagt zu werden, er zählt die Stunden, die er jenseits der Italsidergrenze verbringen muß, die mit ihrer stählernen Faust die neapolitanischen Dämonen fernhält.

In Bagnoli bin ich bei schon ausgeschaltetem Hochofen während der tausend Milliarden Lire teuren Kur gewesen, und das nicht, um Untersuchungen über den Stahl anzustellen, der mich äußerst wenig interessiert: Ich wollte herausfinden, ob es besser oder schlechter ist als Neapel, und die Italsider ist mir wie ein Paradiesgarten erschienen.

Es ist ein riesig großer, aber disziplinierter Raum, nicht uneinheitlich, nicht überlaufen, wo derjenige, der ihn betritt, sich aus den glühenden Zangen verbrecherischer Zwietracht befreit fühlt, die das dominierende Lebensgefühl in Neapel ausmacht, einer Philosophenstadt, die mittlerweile auf das reine unsinnige Aufeinanderprallen von Zerstörungswut reduziert ist, auf den verzweifelten Zusammenstoß von Gekreische, die jedes Bild von einem anständigen menschlichen Zusammenleben auslöschen. Sei mal Bürgermeister in einem solchen Morast! Aber in der Italsider findest du einen Ersatz für die Ordnung, eine Kampfpause vor dem Zupacken des Chaos. In Bagnoli atmen der Arbeiter, der Techniker auf. Sie desinfizieren sich vom neapolitanischen Übel. Der unmenschliche Industrielle ist für sie mehr Freund, als es die Straßen Neapels sind. Die Gesichter sind gefaßt, entspannt, zivilisiert, die Nerven machen den Eindruck, als wüßten sie auf ihrem Platz zu bleiben. Die Kokereien strömen einen ausgezeichneten Gasgeruch aus. Alle tragen eine Nummer und einen Helm: Das gibt das Gefühl, einer Ordnung anzugehören – die Italsider befreit durch Militarisierung. Ob man wirklich des Lohns wegen dort ist? Ich bezweifle es, der normale Mensch ist zumeist uneigennützig. Die Italsider ersetzt das verlorene Zentrum. Alles strömt dort einem Punkt zu: dem Abstich. In Neapel fühlt man sich nicht einer Vereinigung, einer Gemeinschaft Gleichgesinnter zugehörig; in Bagnoli hingegen schon. Ist man als Bürger Neapels verloren, findet man sich als Bürger der Italsider wieder. Und es gibt einen König, das Feuer, das die Macht hat zu strafen, das Wohltaten und Züchtigungen austeilt.

Das neue Walzwerk, beinahe vollendet, für eine gänzlich imaginäre Produktion konzipiert, weil es gebaut wurde, als bereits feststand, daß dieser tamerlanische Stahl wie ein mit unverkäuflichen Tagesdecken beladener Marokkaner durch die Gegend ziehen würde, ist jedoch nicht bedrükkend, weil es an ein Kirchenschiff erinnert: Es mag drei- oder viermal so groß sein wie Santa Maria del Fiore, fünf- oder sechsmal so groß wie Notre-Dame in Chartres, und es ist für eine begrenzte Anzahl von Spezialisten bestimmt, für eine Art tonsurierten und eifersüchtigen Klerus; nun, wo in Neapel ist es möglich, einen ähnlich großen Raum zu genießen? Es wird in der Italsider nicht den Flug des gregorianischen Kondor geben, aber auch nicht die Gemonie des Lärms irgendeiner beliebigen Straße Neapels: Es wird dort gleichförmige Klagen geben, die schmerzhaften Töne der bezwungenen und veränderten Materie. Es könnte sogar ein Ort des Gebets werden: Als Bänke würden die dreihundert Tonnen schweren Brammen dienen, die in Erwartung vereinzelter Liebhaber des Stahls dort zurückgelassen wurden.

So wie im phantastischen Barock der Gesú Nuovo das Vergessen Neapels augenblicklich und wirksam ist, so genießt der Andächtige in Helm und Overall in der grenzenlosen leichten Eisenkonstruktion eine wohltuende Kampfpause von achtstündiger Dauer vor dem neapolitanischen Horror. Es ist das erneute Zurückmüssen ins Chaos der Stadt Neapel, was nach dem Tag in Bagnoli bitter ist! Es ist die Tatsache, daß man öffentliche Dienste, Behandlungen, menschliche Kontakte braucht, ohne sich dabei mit Tollwut zu infizieren! Es ist die Aussicht auf den Sonntag! Wo soll man ihn verbringen? Der ganze Golf ist mittlerweile eine komplette städtische, administrative, touristische, gastronomische, moralische Kloake; alle Schönheit ist zerstört; jede Redlichkeit von der Schwefelsäure der Camorra verunstaltet; wenn man noch Herz und Augen hat, kann man sie einzig zum Weinen benutzen.

Wenn man eine Stelle bei der Italsider hat, erwartet man voll Unbehagen, Qual und Übelkeit, daß sich die Fabriktore am Montagmorgen auftun: um sich die Schrecken von Torre del Greco, die Brutalität von Ottaviano, die beschämenden Schändlichkeiten der hundert um den Vesuv herum gelegenen Dörfer aus den Augen zu schaffen.

Die Verfolgung des entwürdigten, verunstalteten, besudelten Menschen endet jenseits der Fabriktore von Bagnoli. Es war göttliche Vorsehung, die Investition dieser tausend Milliarden Lire an öffentlichen Geldern in das Danaidenfaß einer konkursgehenden Eisenindustrie zu empfehlen! Da man es unmöglich als ein gutes Geschäft bezeichnen kann, lassen sich immerhin Züge von Pietät und von barmherzig gewährtem Almosen darin erkennen. Zum Erhalt der Italsider in Bagnoli beizutragen ist wie eine Selbstbesteuerung zur Gründung eines Heims: Die Invaliden der neapolitanischen Lebensqual werden dort hingehen, um sich zu stärken, um zwar kürzer, aber auch versöhnter in der angenehmen Kühle des Hochofens zu leben.

Kann man der EG diese Feinheiten erklären? Sie ist eine Abkürzung, Schlund des Unmenschlichen, gefühllose Wirklichkeit, sie ist kalte Vernunft, Unempfindlichkeit polaren Ursprungs. Die EG sieht nur die schreiende Unverhältnismäßigkeit und die verrückte Irreführung, die den eisenindustriellen Lumpenimperialismus des pompösen Italien charakterisieren (vier Zentren, darunter ein gigantisches in Tarent; und sie wollten noch ein fünftes! Sie wollten es, und sie würden es immer noch wollen, in Gioia Tauro, wo nicht einmal mehr die Unerträglichkeit des neapolitanischen Lebens es hätte entschuldigen können). Wie soll man in Brüssel klarmachen, daß das Erlöschen des Feuers in Bagnoli bedeutet, einige Tausend Schiffbrüchige, deren bäuerliches Herz durch einen finsteren Eingriff herausgerissen wurde, dazu zu verdammen, durch das unförmige Neapel zu streifen, krank vom wütenden Durst nach einem schmerzfreien Raum, einem Ort, an dem sie dazugehören können (italsideranisch: fast eine Nationalität, ein Reisepaß), an dem sie sich die Taufe eines Maßstabs geben können?

Auf dem Hügel von Posillipo, entlang eines unendlichen Teppichs aus Asphalt, zwischen ununterbrochenen Betonmauern mit hin und wieder ein paar Baumtupfern, ist es fast unmöglich, eine Bank zu finden, auf die man das eigene Unwohlsein werfen kann. Mir scheint, ich habe nur eine einzige gesehen. Wenn man dort sitzt, hat man das Panorama der Italsider vor sich. Das Meer ist ein trauriges Gerinnsel in der Ferne. Zur Erfrischung der Augen gibt es nichts als die weißen Dämpfe der Kokereien, das Schwarz und das Braunrot der großen Schmiede. Besser, dort drin zu leben, für immer, als das Nichts von jener Bank aus zu betrachten.

Die Liebenden in der Villa Carlotta

Auch wenn der Comer See verschandelt und heillos überlaufen ist, bewahrt er Würde, den Teil eines Gesichts, von Gesichtern.

Für Stendhal gab es nur ein Adjektiv, um ihn zu beschreiben: erhaben. In der Kurzprosa *I Dintorni di Milano* entwirft Giovanni Verga ein kitschiges Bild vom Comer See, zu dem das Adjektiv Stendhals paßt: erhaben. Mit wenigen Schnipseln von Allgemeinplätzen und Adjektiven, die ausgelaugt sind wie der Bodensatz einer Espressokanne – »frische Stimmen«, »lebendige Farben«, das »Schimmern eines Flämmchens«, das »Lachen des schönen Mädchens«, ein »Avemaria« –, vollbringt er das alchemistische Wunder: Seine Postkarte vom Comer See kitzelt auf wunderbare Weise den Traum und die Tränen hervor. Wer die Reinheit des Bildes bewahren will, bescheide sich mit Verga und Stendhal.

Como ist mittlerweile furchtbar häßlich und verhärtet; dem See, vom Schiff aus gesehen, verbleibt ein Zauber, sofern man so vorsichtig ist, das schreckliche Tragflächenboot zu vermeiden. Dieses dumme schnelle Gefährt beglückt den Reisenden mit schändlicher Musik und gekühlter Luft hinter gepanzerten Scheiben – fehlen nur noch die Seehunde: Von dort aus sieht man die erhabene Landschaft wie etwas Unsauberes und Staubiges. Um sich dieser Wohltaten zu erfreuen, zahlt man einen beträchtlich höheren Preis als für die normalen Boote mit Passagierdeck, auf denen das ununterbrochene Klick der Photographierenden (nicht nur Japaner, auch wenn in allen unweigerlich das unsägliche Etwas der perfekten Verrohung des unerträglichen industriellen Japans glitzert) und das verzückte »Wunderbar« der älteren deutschen Ehepaare wesentlich erträglicher sind.

Milliarden von Postkarten sind von Tremezzo bis Cadenabbia schon mit der Abbildung von Antonio Canovas *Amor und Psyche* verschickt worden. In Farbe, schwarzweiß, tagsüber, nachts, auf blauem und rotem Grund, von oben, von unten fährt eine Sekte von Erotomanen unablässig damit fort, jene zwei munteren Liebenden zu photographieren. Ihre Umarmung im sogenannten Marmorsaal am Eingang der berühmten Villa Carlotta-Sommariva findet niemals ein Ende. Und kaum an Land gegangen, bin auch ich schon dabei, den Betrachter dieses dreisten Paars zu spielen ... Schreiben wir also ein paar Dinge auf, nur um den Blick zu senken.

Die Erotik Canovas ist auf feine Weise polar: Die Figurengruppe könnte in Packeis gehauen sein. Man kann Kinder bedenkenlos zulassen: Sie werden eine Art Flug sehen, zwei schneeweiße Schwäne, die ein unwiderstehliches Verhängnis hinabstürzt, damit sie einer mit dem anderen verschmelzen. Der Künstler hat einen wundervollen Augenblick erspäht, im Dämmerzustand zwischen Hingabe und Befriedigung, im Halblicht zwischen dem plötzlichen Aufblitzen der Laune und der dunklen Grimasse der Lust, und er hat die Ausführung dieses Augenblicks zwei trotz ihrer Jugend routinierten Schauspielern anvertraut, die auf wunderbare Weise das Ungestüm zu kontrollieren vermögen, ohne aber dessen Unerbittlichkeit und Dringlichkeit zu verbergen.

Alle Achtung, Amor und Psyche! Genau so wird ein Liebestanz aufgeführt! Aber ihr seid Archetypen, ein Zustand, der von Polymeren frei ist, frei vom festen Zugriff der Desoxyribonukleinsäure! Wie könnten wir euch nachahmen, mit unserer seit vier Jahrtausenden vererbten Syphilis, mit den Gliedern, die bei uns Nicht-Primitiven (ein bekannter Kulturdezernent hat mich vom Gebrauch dieses Euphemismus überzeugt, um dadurch »Zivilisierte« zu ersetzen) durch und durch vor Harnsäure kribbeln, und vor allem mit unserer Unfähigkeit, den berühmtesten aller Instinkte auszutoben, ohne dabei einen Laut von uns zu geben? Der Mensch ist nichts als Fleisch, Fleisch ... Versuchen wir aber zu lernen, uns den Modellen ein wenig anzunähern ... die Metaphysik der Liebe, auch die der körperlichen Akte, der Positionen, der verschiedenen Arten der Umarmung, ist nicht unerreichbar ... Ein Gedicht von

Verlaine hat diesen herrlichen Anfang: *De la douceur! De la douceur! De la douceur!* (es ist ein erotisches Sonett), und *douceur* reimt sich auf *sœur*, der Vers sagt, daß die geliebte Frau es verstehen muß, auch mitten im Liebesakt eine Schwester zu sein.

In der Psyche von Canova gibt es diese *douceur*, diese Ruhe und Anmut einer Schwester, die gleichzeitige Gegenwart der beiden Gesichter der Liebe, die Verschmelzung des rein Fleischlichen mit dem Verschwommenen, dem Liebevollen, Mitleidigen ... (Ich glaube sogar, daß Verlaine als Erotologe und tiefer Kenner der beiden Liebesarten, wie Tiresias es auch war, unter »Schwester« eine Mischung aus Leidenschaft und Mitleid als Synthese der weiblichen Liebe verstand: Jeder Mann will zugleich geliebt und bemitleidet werden, will in den Augen der Gefährtin die unendliche Nachsicht, das Mitleid eines Buddha leuchten sehen.)

Das erotische Moment bei den beiden Figuren ist eine Art Dämmerzustand, weil der gegenseitige Besitz eine kaum wahrnehmbare, durch die Hände bewirkte Übertragung kosmischer Energie ist: die Hände von Psyche leicht auf die Locken von Eros gelegt, dessen Kopf auf verhängnisvolle gebieterische Weise von einem unsichtbaren, auf dem wartenden Mund liegenden Druck angezogen wird, während eine Hand von Eros auf einer Brustwarze und die andere auf dem Hals ruht, eine absolut gewaltfreie Herrschaft, denn die männlichen Hände drücken nicht und sie reißen nicht, sie lassen nur das magnetische Fluidum hindurchfließen, wie in einem mesmerischen Experiment.

Die Figurengruppe wäre ein Meisterwerk, wenn sie eine Seele hätte, statt dessen muß man diese mit Hilfe der Einbildungskraft hinzufügen, und man hat nicht immer Lust, derartig große Anstrengungen zu machen. Es ist einfach schade, daß das Werk mittelmäßig bleibt, auch wenn es ihm an äußerer Schönheit nicht fehlt, aber das ist das Siegel der Epoche: Dieser Neohellenismus war seelenlos, die Marmorstatuen bleiben Marmorstatuen, die gemalten Figuren empfangen nicht den voltaischen Funken des Lebens. Exemplarisch dafür ist der traurige Hofmaler Mengs, das Ideal Winckelmanns, so berühmt und so sehr ein Niemand! Während er in Madrid arbeitete, näherte sich ihm jemand eines Tages hinter seinem Rücken, und als dieser Jemand ihn fürchterlich schüttelte, rieselte der Gespensterstaub durch die Luft auf Kanapees und vergoldete Rahmen. Der Mann kam aus Aragonien und bahnte sich bis zur Hälfte des folgenden Jahrhunderts den Weg nach vorn, alles und jedes elektrisierend und beseelend. Jener Zukunftsträger hieß Francisco Goya. Ich spreche seinen Namen nur in Gedanken aus: Riefe ich ihn zu laut aus, würden sich in all diesen Marmorstatuen Risse bilden, würden alle Pendel (lästigerweise Perpendikel genannt) heftig auszuschlagen beginnen wie in einer Krise des heilmagnetischen *baquet*: Die Villa Carlotta besitzt ganze Scharen von ihnen, im kommunsten Empirestil, und alle haben zu historischen Sternstunden geläutet, haben Frauen erlebt, die »den Ruhm der Verteidigung und das Vergnügen der Niederlage« erprobten, und keuchende Gefolgsleute Napoleons, die darauf brannten, die Kutten des frommen Italien durch Pfeile mit entzündetem jakobinischen Pech in Brand zu setzen.

Das schöne warme Gelb der Vorderfront der Villa tröstet einen über die Kälte hinweg, die man in ihren Sälen findet, und auch die mit Bäumen bepflanzte Fläche, ein wahres Paradies der Wonne. Aber man kann die Besichtigung der Innenräume schnell abhaken, auch ohne ihnen große Aufmerksamkeit zu widmen: Nur das Erdgeschoß kann besichtigt werden, es enthält nichts Erinnernswertes. Einige Gemälde von Francesco Hayez, einem tüchtigen Menschen von vollkommener Gewöhnlichkeit, außer wenn ihm irgendeine reizende lombardische Dame oder gar Alessandro Manzoni, von dem in der Brera das bewegendste aller Porträts hängt, ihre Gesichtszüge liehen. Im Modell mußte schon sehr viel Genialität stecken, daß sogar ein mit Genie nicht übermäßig gesegneter Porträtist wie Hayez davon angesteckt wurde, so daß sein vierzigjähriger Manzoni wunderschön geworden ist, voller Melancholie und menschlicher Weisheit.

Die Aktbilder von Hayez sind die verkörperte Roheit... In der Villa Carlotta hängt eine seiner Odalisken, und ich weiß nicht, aufgrund welch verrückten universellen Bildungshungers dieser Odaliske ein Buch in die Hände gegeben wurde! Eine lesende Odaliske ist so absurd wie ein Taucher in einem Heißluftballon... Die Odalisken lasen nicht einmal die Blue-Moon-Romane, sie verbrachten ihre Zeit damit, sich zu enthaaren, die Augen mit Antimon zu schwärzen... Ich stelle mir die Szene vor: Hayez wirft das Modell, das er sich vom Gemüsemarkt geholt hat, vom Bett, verbrennt ein wenig Sandelholz, drückt ihr ein vor kurzem erschienenes Buch in die Hand, den *Marco Visconti* von Tommaso Grossi oder die *Osservazioni sulla Morale Cattolica*, und da ist sie nun, die lombardische Volksschönheit, die mit Gewalt in den Serail von Konstantinopel verschleppt und dann, mit dem Akzent der Ninetta und des Pepp* versehen, zur lesenden Odaliske wurde!

Inmitten des anständigen Neoklassizismus der Villa Carlotta wirkt Hayez wie ein Faustschlag. Wie eine Liebkosung hingegen wirkt eine vergoldete Wiege, deren Kopfteil von einer Harfe geziert ist, im Salon der Pendeluhren. Ihre Bedeutung ist wahrscheinlich diese: Heute liegt hier ein runzeliger Säugling, der schreit, wenn nicht sofort die lesende Odaliske heraneilt, um ihn an eine ihrer prächtigen Brüste zu legen (die leider von Hayez eher trockengelegt

worden sind), aber morgen, o morgen wird dieses heiß-
hungrige Kleinkind (auch lieber kleiner Fratz genannt)
süße Verse dichten, deren musikalischen Flug zu den Kü-
sten des unsterblichen Ionischen Meeres die Harfe über
der Wiege ankündigt, und die liebliche Ausstattung soll
uns daran erinnern, daß jene durch die schattigen Alleen
fließende Welle Foscolos einst aus der klingenden Larve
eines heiseren Wimmerns entsprungen ist. Wer sich heute
über die neoapollinische Wiege beugt und sein Ohr daran-
hält, hört nicht einmal einen Holzwurm klopfen.

Von einem ganzen Leben, mit in Verse gebrachten Schrif-
ten oder auch ohne, hat die Zeit nichts als diese allegorische
Wiege zurückgelassen, inmitten einer Schar stehengeblie-
bener Pendeluhren. Der Klassizismus hatte die christlichen Zeichen und Katechesen schon vollkommen abge-
kratzt: Es ist eher unwahrscheinlich, daß der Mann oder
die Frau, die hier in tödlich engen Windeln schliefen, als
Tote einen Rosenkranz zwischen den Fingern und ein
Kreuz an der Wand gehabt haben. Außergewöhnlich ist allerdings das wechselvolle Schicksal Manzonis, denn Alessandro, der tatsächlich gemeinsam mit Apoll in einer
Wiege geboren wurde, hatte über dem Totenbett das *Ave
Crux* hängen.

Addio, Addio. Aber ohne einen authentischen Vers von
Foscolo kann ich nicht gehen ... In den *Grazien* ist ein kleines Fragment dem Comer See gewidmet, der dort *queto
Lario* genannt wird und auf dessen Geflüster hin (erweckt
von Euro!) der Steuermann zu singen beginnt. Einen armen Ruderer dieser Kähne Steuermann zu nennen! Und
doch, so wollte es Apoll:

Durch den Gesang der Harfe verwirrt irrt der Wohlklang
Durch unser Tal: und während die Musikantin ausruht
Lauschen noch die Hügel.

Italien zu einer Lira

I. Das Eis zu einer Lira

Man hatte viel vom Eis zu einer Lira. Die Portionen wurden immer kleiner, aber es war keine Schande, sie zu bezahlen. Ich will nun bestimmt nicht der Wirtschaftsgeschichte ein Loblied singen, aber es gab so viele wunderschöne Dinge, die eine Lira kosteten: Auch für drei Stunden in einem kleinen Kino, mit Varietéprogramm, bezahlte man eine Lira, und beim Herauskommen rieb man sich die Augen, die sich in den Beinen, in den Großaufnahmen und im Drumherum verfangen hatten. Das Eis, ein Vergnügen, das unter den buddhistischen Beispielen für die grausame Nichtigkeit des Vergnügens stehen könnte, war immer viel zu schnell zu Ende. Anschließend schlürfte der Mund sofort begierig Wasser aus einem öffentlichen Brunnen und war bereit für ein weiteres, andersfarbiges Eis, wieder zu einer Lira. Dort, nur wenige Schritte entfernt, ließen die frenetischen Zeiger auf dem Ziffernblatt der Geschichte nicht einmal Zeit nachzusehen, in welcher historischen Stunde man sich gerade befand, aber es lohnte sich auch nicht, von seinem Eis aufzusehen. Ich habe es dann getan, ich habe das Eis um der Geschichte willen verlassen (oder das Eis hat vielmehr mich verlassen), speziell um der zeitgenössischen Geschichte willen, eine Salve Blei in deinem armen Kopf, sobald du dir die Geschichte vergegenwärtigst und nur wenige Lire ausgibst und dafür eine unaufhörliche Verzweiflung erhältst. Die Geschichte packt mich wie das Feuer den Verdammten, und zwischen den Flammen suche ich den kühlen Trost bei einem Eis, nicht irgendeinem, sondern dem Eis-zu-einer-Lira, und statt dessen lecke ich Tüten aus Bitumen und Sulfat. Die neuesten

Geschmacksrichtungen: Nervengaseis, Napalmeis, Neutronenwaffeneis, Autobombeneis, Aidseis.

Ich bin dermaßen ins Laster der Geschichte eingedrungen – eine der schlimmsten Arten des Onanierens, zu der uns das teuflische Verbot einer Heilsmetaphysik gezwungen hat –, daß es, wenn ich die Geburt einer bestimmten Eissorte wieder ins Gedächtnis rufen will, für mich unvermeidlich ist, sie mit bestimmten Ereignissen zu verbinden und zu sagen, es war das Jahr, in dem Guglielmo Marconi starb und in dem es Mussolini nicht gelang, Madrid zu erobern, weil er zuvor bei Guadalajara Prügel bezogen hatte, während Japan, gierig nach asiatischem »Lebensraum«, mit seinen Armeen das China überflutete, an das uns die Bilder Henri Cartier-Bressons erinnern: Es läßt sich erahnen, daß es um das Jahr 1937 geht. Kein Historiker jedoch wagt zu sagen, daß es die Zeit der Eiscreme zu einer Lira war und daß genau in jenem Jahr in Turin ein aufsehenerregendes Ereignis stattfand, das in aller Munde war: Die jedermann bekannte Eisdiele Pepino brachte das Pinguino, das Pinguineis, heraus, das eine Lira kostete.

Es war also im Sommer des Jahres 1937: Der zweite Abschnitt der neuen Via Roma wurde gerade fertiggestellt – eine Schandtat der faschistischen Baumeister –, und in den Erholungsorten in der Umgebung von Turin, in den canavesischen Tälern und auf den Feldern bebte man vor Ungeduld, endlich nach Turin zurückzukehren, um das Pinguineis auszuprobieren. Irgend jemand unterbrach die Sommerfrische eigens für einen Tag und berichtete bei seiner Rückkehr vom Pinguineis.

– Es ist ein schwarzes Eis, das innen weiß ist. Unter der Schokoladenkruste ist Sahne. Man hat ganz lange davon. Es kostet eine Lira!

Die Leute standen Schlange vor der Bar Rosetta auf dem Corso Vittorio, dem einzigen Ort, wo man es erstehen konnte. Es war in Papier eingewickelt, was das Vergnügen erhöhte: Zuerst mußte man die Nacktheit des Eises enthüllen, dann biß man hinein. Beim Pinguineis war der Sadismus der Zähne am Werk, die Zunge wurde erst gegen Ende eingesetzt, bei vorangeschrittener Verflüssigung.

Ach, es war Ice-Cream ... Das industriell hergestellte Eis war in die Welt gesetzt worden. Um die Kundschaft zu halten, die verrückt war nach dem Pinguineis (wir folgen immer der Bestie), gaben die alten Eisverkäufer mit ihren Dreiradwagen für eine Lira nun ein riesiges Eis mit doppelter Sahne und dreifacher Schokoladenschicht.

– Das ist was anderes als bei Pepino! sagte der arme Eisverkäufer und schlug auf die Tüte, schon so hoch wie der Turm von Babel, auch noch eine Schaufel Erdbeeren drauf. – Probier mal, wie gut das hier ist! Aber den Dreiradeiswagen hatte mittlerweile das Pferdekarussell abgelöst. Das Pinguineis war eintönig: Um Abwechslung zu schaffen, wurde es rosa, orangefarben ... Wenige Jahre später, während der Versammlungen Nennis, war das Mottarello-Eis schon weit verbreitet. Mailand nötigte mit seiner eisernen Faust ganz Italien die eisige Diktatur seines Motta auf. Haben die marxistischen Geschichtswissenschaftler, diese Dummköpfe, jemals etwas über den Imperialismus Mottas geschrieben? Und darüber, wann sich am Horizont des Doms die Supermacht Alemagna abzeichnete? Die Lira hatte inzwischen alle Dämme durchbrochen: Das Mottarello-Eis kostete mehr, wieviel, weiß ich aber nicht mehr, weil ich es nicht kaufte. Eins davon werde ich sicherlich in der Pause irgendeiner Vorstellung von Strehler im Piccolo Teatro, dem Kunsttempel, zu mir genommen haben, um den schwächenden Exzeß an Katharsis zu kompensieren. In den Freudenhäusern am Corso Magenta war der Konsum an Mottarello-Eis enorm: Die beiden Phagien schritten stumm gemeinsam voran.

Kehr um, kehr um, sonst gerätst du immer tiefer in den Trichter der Geschichte hinein und kommst in die Neuzeit, mit dem Eis zu dreitausend Lire, und noch immer ist der Boden des Trichters nicht erreicht, des Trichters, in den wir uns hineinbegeben haben, ein Trichter der Rekorde an Greueltaten, wo die Lira ab einer Milliarde ins Gewicht zu fallen beginnt. Kehr zurück zu den Sommern des Eises zu einer Lira, zu den Schildern *Lire Una* auf Tausenden von Waren, denn es gibt kein Eis, das die Glut der Gegenwart löschte, wenn man hellsichtig ist und innerlich vor Schmerz verbrennt.

Und ich werde jeden Augenblick erinnert an den Augenblick-in-dem-ich-lebe, vollgestopft mit dem »du bist in der Geschichte, du bist in ihr, und du wirst ihr nicht einmal als Toter entkommen« (Hegel, *Phänomenologie des reinen Schwachsinns* III, 21), und ich spüre das sehr wohl, da die Weltgeschichte leider an mir hängt wie die Zunge im Mund, und jeden Tag tötet sie mich ein wenig, die mörderische Hure, deswegen möchte ich ein Eis zu einer Lira, riesig, groß wie ein neugotisches Mausoleum, um ganz und gar hineinzukriechen und mich dort auszustrecken und lange zu schlafen und dieses verfluchte Gebrüll dort draußen, hier, zu vergessen. Wie viele Menschen leben, wenn auch auf verkehrte Weise, und sterben, mit dem Trost der Extrabeilagen der Zeitungen, und von diesem im Raum heulenden Planeten kennen sie nicht einmal das Bild, das der eigene Bauchnabel von ihm entwirft (der am wenigsten beachtete Teil unseres Körpers und der tiefste, da er ja zugepfropft ist); mir ist hingegen eine intrauterine und prophetische Sensibilität zuteil geworden, die mich hitzig macht wie Jeremias, mich voll Mitleid an diese bleichen Furien kettet. Wieviel Zeit, mein Gott, habe ich damit verloren, den Menschen zu verdammen und über ihn zu staunen, ihn zu bemitleiden und ungeheure Angst vor ihm zu haben, anstatt ihn im Eis, in den Frauen, in der Apathie, in einem vorzeitigen Ende nach Erdbeerenart zu vergessen! Heute bedaure ich es, daß ich meinen Verstand nicht darauf getrimmt habe, ein Zauberer zu sein – ein Zauberer mit der großartigen Macht, *mit Worten* zu töten. Ich hätte in der Geschichte gewirkt und im richtigen Augenblick viele Schurken abkratzen lassen, die Ämterfolge unmöglich gemacht, Knoten aus eisernen Wundgeschwüren gelöst.

Mit dem Eis in der Hand las man ... Schön; ich wette, daß keiner es errät! Noch immer wurde Blasco-Ibañez gelesen. Dieser Mann, unfähig zu einem Quentchen aufrichtiger Sterilität, war die letzte der großen spanischen Eroberungen: Ein halbes Jahrhundert lang überschwemmte er die Kontinente. Im Spanien der beiden Lager war die einzige Gemeinsamkeit schaffende Angelegenheit fraglos die Lektüre von Blasco-Ibañez: Ob rot oder schwarz, ganz Spanien karamelisierte sich in den Pausen des noblen Massakers mit Blascoibañismus. Vor einiger Zeit habe ich einen seiner Romane in die Hand bekommen, einen der berühmtesten, und ich fand ihn widerwärtig, ein Produkt wie für einen Literaturpreis, der von Carlo Bo* vergeben wird. Auch mit ihm ist es vorbei, dem armen Blasco-Ibañez!

Er wurde in elfenbeinblassen, fürstlichen Ausgaben von Salani, einem weiteren untergegangenen Imperialismus, vertrieben. Ein Roman begann so: »Milagros sah auf ihre Armbanduhr.« Ganz genau so. Im Hintergrund hingen leicht verschmutzte Vorhänge; von der grünen Lampe in der Mitte des Zimmers baumelte grün der Saum aus Glasperlen herunter. Während Milagros (weiblicher Vorname, muß das gesagt werden?) ihren Blick auf die Uhr gerichtet hielt, kam jemand herein und brachte ihr als Geschenk (»Schnell, es schmilzt!«) ein Eis zu einer Lira, wobei er den Rest für sich behielt. Milagros, die unter einem Bandwurm litt, beklagte, daß der Pistaziengeschmack oder das Torroncino fehlte. Das Eis aus der Tüte zu einer Lira tropfte noch auf ihre Bluse, als Blasco-Ibañez schon verschwunden war, alle Photos geknipst, alle Tränen getrocknet und dazu bereit, aufs neue zu fließen.

Wenn das Pinguineis das wichtigste geschichtliche Ereignis des Jahres 1937 war, kommen mir jetzt weitere in den Sinn, die es krönen: Drei wundervolle Filme wurden in jenem Jahr gedreht, *La grande illusion* von Renoir, der *Alexander Newski* von Eisenstein, *Hôtel du Nord* von Carné. Wunderwerke des Schwarzweißfilms: nahezu die Farben des Pinguineises.

In der Via Po zeigte sich eine Zeitlang eine Eisverkäuferin mit Brüsten, die aussahen wie die Hügel von Mekka; die Pilger liefen zu Tausenden herbei. Die Eistüten trugen die laue Wärme dieser feinen Brüste bis unter die Bogengänge, sie waren wie ihre Verlängerung. Aber die Eitelkeit ließ sie anschwellen; einmal hörte ich die berühmte Eisverkäuferin zu einem Kellner sagen: »Uh, da ist ein Typ, der mit dem Eis in der Hand gegen die Säule geprallt ist, weil er mich angeglotzt hat!« Und dieser Typ stand nicht wieder auf. Das Eis war ihm an eine Schläfe gespritzt und hatte sie zerquetscht.

II. Die Lieder zu einer Lira

Und wir haben in unserer geschichtsträchtigen Vergangenheit auch dies kennengelernt, die Mode der Lieder, die eine Lira kosteten, und das Vergnügen daran. Ich halte einen Augenblick inne, um über eines der Wunder der menschlichen Stimme nachzudenken: Die Worte waren nicht intelligent, die Melodien waren nicht jene, die die Lieder aus Frankreich oder Amerika weltberühmt machten, es war der kleine alchemistische Ofen der Stimme des Volkes, der sie kochte und verwandelte, um daraus etwas Erinnerbares zu machen, eine Scheibe Wassermelone von Vergänglichkeit, die wieder auftauchen kann, angenehme Kühle aus der aufgeschnittenen Erinnerung.

Die Sänger, die schon damals nicht schlecht bezahlt wurden, eine für die Wirtschaft und den Umsatz wichtige Ware darstellten und als Füllung für die gerupften Stunden der Radioübertragung dienten, waren nicht mehr als ein Mittel: Die Melodie ging ins Ohr ein wie der Samen des Heiligen Geistes, und während Melodie und Worte falsch und entstellt, aber sofort geliebt, über die unsicheren Lippen sprudelten, kramte die Hand die nötige Lira hervor, um das Blatt zu kaufen, ein riesiges buntes Blatt, fast immer grün, dicht bedruckt, das alle Lieder eines Monats oder von zwei oder drei Monaten enthielt, illustriert mit seltenen Photos von Berühmtheiten, deren Haar immer mit Haarlack frisiert und dank Chinina Migone gegen Haarausfall versichert war: das Blatt, das eine Lira kostete; dreißig, fünfzig, hundert Lieder für eine einzige Lira.

Eine Familie von Landstreichern ernährte sich wundersamerweise mehr schlecht als recht bis zum Erscheinen des nächsten Blattes durch einen Stapel dieser Blätter zu einer Lira. Ich habe einen von ihnen wiedergefunden, altersschwach, in einem Heim, das Auge mittlerweile seßhaft: – Habt ihr Schutzgelder gezahlt? Neeeiiin, sie wußten nicht einmal, was das war, ich mußte es ihm erklären, er hat es heftig verneint. – Von den Liedern konnte man nicht leben, wir mußten auch andere Sachen verkaufen … Da bin ich nun widerlegt, sie ernährten sich also noch nicht einmal mehr schlecht als recht davon. In der Tat verkauften die Landstreicher neben dem Blatt auch andere Dinge: Füllfederhalter Presbitero, Rasierklingen, Hühneraugenpflaster, Schokolade … Diejenigen, die am besten ausgestattet waren, setzten die Lieder in Szene, um sie zu verkaufen, ein fettes Mädchen trommelte auf dem Schlagzeug, ein Wunderjunge spielte auf einer Ziehharmonika, die ihn zu verschlucken drohte, der Vater verteilte die Blätter an die offenen Münder, die Mutter sang. In den Pausen wurde der Gebrauch dieses großartigen Füllfederhalters, die Rasur durch jene Rasierklinge empfohlen.

Einer, der immer kurz davor schien, Blut zu husten, hatte sein eigenes Gebot: – Erstens: Täusche niemals den Arbeiter! Die Segolini-Klinge täuscht den Mann, der arbeitet, nicht. Zwanzig Klingen für einen Scudo! Ein Scudo waren fünf Silberlire. Ich weiß nicht, ob das ein guter Preis war. Er wäre es gewesen, wenn die Segolini-Klingen nicht in Wirklichkeit den Arbeiter übel getäuscht hätten. Sie rochen schimmelig und enthielten Spuren von Rost, der einem Blutvergiftungen bescherte. Ein Arbeiter, der ein Päckchen gekauft hatte, um gut rasiert an den nagelneuen Toren der Mirafiori zu erscheinen, schrie dem Verkäufer, allerdings lachend, ins Gesicht: »Mit dieser Klinge da kann der Arbeiter sich nur die Adern aufschneiden!« Der Ärmste, voll getroffen, schwankte mehr denn je seiner natürlichen Erleichterung entgegen, dem Blutspucken. Aber Gott führe zu seinem Licht, wen er will.

Es gab Meisterwerke. Sie waren so großartig, daß sie sich seit fast einem halben Jahrhundert in der traditionellen Schlagermusik immer noch behaupten, die als Revival im stets tödlichen Stereogegröle und in den Wiederholungssendungen im Radio überlebt, das dank dieser Evergreens seine einzigen poetischen Stunden erlebt hat. Immer noch – mit feinem und erfahrenem Ohr – finde ich wundervoll: *Violino tzigano, Parlami d'amore Mariú, Signorine non guardate i marinai, Bombolo, Tango del Mare, Un'ora sola ti vorrei, Miniera, Sola me ne vo per la città, Chitarra romana, Besame mucho …* Luchino Visconti erregte in *Ossessione* großes Aufsehen, als er plötzlich im Moment der höchsten Spannung des Melodrams das Lied

> Ho comprato una bambola rosa
> Piccolina, come te …

einschob.

Ich habe *Ossessione* zehn- oder zwölfmal wiedergesehen, nicht so sehr wegen seiner Erotik, die mich wenig reizte (ich war ein *signorino*, ein junger Herr, ich hatte andere Archetypen, die Heldin war eine Schlampe aus dem Wirtshaus, Frau eines Lastwagenfahrers, die nachts nicht zu mir kam, um mich im Bett anzuheizen; das Drehbuch war unanständig: »sie küßten sich wie von Sinnen«), als wegen des Aufflackerns von sehnsüchtigem Verlangen, das der Einsatz der *Bambola rosa* in mir bewirkte. Und *Miniera*? Der junge Mann »mit dem dunklen Gesicht«, der hinuntersteigt und nicht wieder nach oben kommt, nachdem er die Bergleute gerettet hat? Und der Meerestango? Ich wette, jeder, der ein Herz hat, erleidet darin Schiffbruch.

Anmerkung für den Soziologen und die Feministin: Die Frauen waren immer »klein«, »piccoline«. Eine große Statur war undenkbar, sie erweckte keine Zärtlichkeit (und wird sie nie erwecken), aber in dieser Begierde nach den immer Kleinen (*Torna piccina mia, Oh bella piccinina, Baciami piccina sulla bocca piccolina, Svegliatevi bambine, Prima di dormir bambina*, die Mailänderin war die *kleine Mailänderin*, die Römerin die *kleine Römerin*, die Turinerin die *kleine Turinerin*, diejenigen über einen Meter fünfzig waren untauglich) muß etwas unbewußt Faschistisches gesteckt haben.

Der Einfluß des Regimes war, wie bei den Dichtern des Augusteischen Zeitalters, in der Georgophilie deutlicher, wo die kleinen Frauen sich mit Kindern, Heugarben, wilder Pimpinelle füllten: *Paesanella, Oh campagnola bella* … Das Sterben der *bambina* zögerte sich hinaus: Sie bäumte sich noch einmal auf wie ein Walfisch – und zwar dank der mittlerweile großen Verbreitung der Lieder (nicht länger Lieder zu einer Lira) im Anschluß an das Festival von San Remo durch Domenico Modugno, der heuchlerisch »*Ciao ciao bambina*« schluchzte, und sie fand ihr ironisches Grab in der schöpferischen Genialität von Buscaglione: »... *perché eri piccola, piccola, cosí.*«

Als Reaktion taten die *bambine* ihr möglichstes, um größer zu werden. Die Kleine wird heute als Achondroplasierin betrachtet, eine, die an Zwergwuchs leidet. Es bleibt der Typus der Kind-Frau, allseits bekannt, nur zu ertragen, wenn man unglaublich geduldig ist, aber es gibt auch Kind-Frauen von einem Meter fünfundsiebzig und größer! Auch die Männer sind größer geworden und haben dabei an Orientierungsfähigkeit im grenzenlosen Durcheinander des Lebens verloren, aber sie sind wenigstens dazu in der Lage, eine Zeitgenossin anzusehen, ohne die Augen anstrengen zu müssen. Nicht einmal die Väter nennen die Töchter mehr *bambina, bambina mia*, sie würden erstaunte Blicke ernten. Bleiben nur noch ein paar Pädophile, die sich wegen unverstandener Zärtlichkeiten mehr schlecht als recht am Rande des Strafgesetzbuches durchs Leben schlagen und deren niemals verblassendes Idol die authentische *bambina* ist, das Kindchen aus der Grundschule, nicht das zum viertenmal schwangere mütterliche Mädchen vom Land. Die Ärmsten, sie glauben, daß sie diese Kinder noch schockieren können!

Welches Lied mag es gewesen sein, das in unserer inzwischen mit Liedern zu Milliarden von Lire überfluteten Zeit als das letzte »Lied zu einer Lira« hätte gekrönt werden können? Mir kommt *Ballata di una tromba* von Nini Rosso in den Sinn. Das rosafarbene oder grüne Blatt hätte dafür ein auffälliges Layout gewählt; diese Trompete, die in einem »Hinterhof ohne Sonne« (ich würde allerdings ein wenig Sonne hineinlassen: schräg einfallend, um die Melancholie elektrisch aufzuladen) eine Ballade spielt, war ein würdevoller und dem Anlaß entsprechend herzzerreißender Abschied.

Wer ist dieser Tamerlan, der mit einem Schlag alle Zungen abgehauen hat, die sangen, außer denjenigen mit gewerkschaftlichem Vertrag, den professionellen? Sind die Fenster, Balkone, Terrassen noch zu etwas nütze, wenn von dort nicht einmal mehr ein Tröpfchen Spucke voll Melancholie aus einem einsamen offenen Mund herunterfällt? Die Lieder liefen einst von Fenster zu Fenster über diese Halbinsel wie die Affen, ohne die Zweige zu verlassen, sie kamen von Santa Maria di Leuca bis zum Monviso, und sie sind verstummt, und wenn man durch eine Gasse geht, erfaßt einen ein Schauer: War die Luft hier nicht einst von Liedern erfüllt?

Lebt wohl auch ihr, ihr Lieder, von menschlicher Stimme gesungene Lieder. Was heute unter diesem alten Namen unter die Leute gebracht wird, sind Millionen, ja Trillionen von tönenden, die Umwelt verschmutzenden Abfallprodukten, die die Luft aus mechanischen Mündern absorbiert, und diese Lieder dienen dazu, die Verrohung der Verrohten zu vertiefen und die Verzweiflung der Verzweifelten zu erhöhen. Ich sprach vom Wunder der menschlichen Stimme, von ihren alchemistischen Verwandlungen, mit Hilfe deren es gelang, zu passenden Gelegenheiten und Stunden aus einem eher italienischen als ungarischen *Violino tzigano* (Bixio!*) eine paradiesische Vibration zu machen. Wir haben auch – ein bedenkenswertes Phänomen der Verfinsterung – dem allgegenwärtigen Verstummen des privaten Gesanges beigewohnt, dem Verschwinden des Bedürfnisses und Vergnügens zu singen, zu trällern, sich die Lunge aus dem Leibe zu schreien, irgendeine Mißgeburt an Melodie aus der Kehle herauszulassen, um ein Gefühl auszuleben oder sich davon abzulenken.

Das ist einer der Aspekte der Vereisung der Gefühle, die im Gange ist. Der Grund für dieses Stummsein ist nicht so sehr die brutale Vorherrschaft des Lärms, die dem Gehör aufgezwungene Sklaverei, die das gesungene Wort in der Musik arbeitslos gemacht hat, als das Ende des Bedürfnisses, sich singend zu öffnen. Besonders gilt dies für die Frauen, die fast alle, auch die unmusikalischen, gesungen haben, während sie den Haushalt machten oder sich kämmten oder auf den Geliebten warteten. Sie sind nicht mehr »*piccoline*«, sie sind vor allem stumm, ob klein oder lang wie eine Latte. In diesen Jahren bin ich mehr durch Italien gereist als durch meine eigenen Zimmer gegangen: Nie habe ich dabei eine Frau singen hören, weder im Winter noch im Sommer, weder bei schönem noch bei schlechtem Wetter. Sie zeigen sich nicht einmal mehr an diesen überflüssigen Fenstern; wahrscheinlich aus Scham darüber, daß sie stumm geworden sind.

Um die Gefühle des in der Ferne verklingenden Gesanges zu verdeutlichen, verweise ich auf die unübertreffliche Anmerkung Leopardis im ersten Band des *Zibaldone**, eine Parallele zum Zauber der letzten drei Verse des *Sera del dí di festa*: Diese Art von Gesang befindet sich inzwischen im Museum. Und das phantastische Gedicht *Genova* des Vagabunden aus Marradi in den *Canti orfici*? Genua ist dort wie ein Stück des Mediterranen, in Musik gefaßt, ein herrlicher Basar:

> und Lieder, bedächtige, rätselhafte Lieder,
> Hörte ich in den Adern
> der mediterranen Stadt ...

Kinder werden geboren von Müttern, die niemals gesungen haben, als sie die Kinder noch im Mutterleib trugen. Es ist hingegen wichtig und zeichnet uns aus, von einer Mutter geboren zu werden, die die Schwangerschaft mit Liedern begleitete. Wer sich im Bauch befindet, ergötzt sich an melodischen und leichten Rhythmen, erbebt vor Freude bei *La Paloma*, trinkt mit Leidenschaft *Lili Marleen*...

– Ach, du verabscheust deine Mutter? Sang sie oder sang sie nicht, als sie dich auf die Welt brachte? Sang sie alte Lieder?

– Sie hat nie gesungen.

Da haben wir die Erklärung. Erst Kaiserschnitt, dann keine Lieder, weder am Anfang noch später am Kinderbett – das Ergebnis: Haß... Denn Dankbarkeit für diejenigen zu empfinden, die uns auf die Welt bringen, ist unmöglich und auch ungerecht, die Dankbarkeit des Kindes bemißt sich nach allem, was von den Müttern / Vätern bewerkstelligt worden ist, um den Brocken für die Kinder weniger bitter zu machen.

Es ist nicht ein Verlust zu einer Lira, der Verlust der Lieder zu einer Lira. Es gibt niemals ein noch so geringes Zurückweichen der Seele, dem nicht ein Sichausbreiten der gesamten Front der Finsternis entspräche.

Ich werde es ihnen nicht verzeihen, dieses Verstummen, dieses Nicht-mehr-sein-Wollen des spontanen Gesangs, den Häusern, den Zimmern, den Innenhöfen, den Frauen. Es sangen der Anstreicher auf der Brücke, der Gefangene hinter Gittern, die Frau im Freudenhaus, der Gondoliere, der Soldat; es sang die Waschküche, das Krankenhaus, die Umkleidekabine, das Schützenfest, die Tenne, der Hinterhof, der Bürgersteig, der Balkon, die Uferpromenade. Aus allen Fenstern erschallt die gleiche Stimme, mechanisch, vulgär, falsch, der Schatten einer Stimme, der Hohn einer Stimme. Ich kann mich abends den Häusern nicht mehr nähern; mich verfolgt diese abtrünnige Stimme, diese Negation der Stimme, die *informiert*, die es den Leuten verbietet zu sprechen, einen Ton hervorzubringen.

Es ist nicht der Verlust zu einer Lira, denn die singende menschliche Stimme schließt das *Endliche* aus, sie zerbricht es auf wunderbare Weise. Sofort wird das Gewicht, das uns niederdrückt, weniger schrecklich, weniger unerträglich; in jenen wenigen Tönen hat das Unendliche als Hebel gewirkt, indem es die Welt, das viel zu Schlechte der Welt, ein Stück angehoben hat.

All das Unendliche, das eine Lira kostete, ist tot. Man verkauft uns nur noch Endliches, zu Höchstpreisen, Endliches, an dem man stirbt.

III. Die Priester zu einer Lira

Auch die Priester haben einst gelebt, *vixerunt*, wie die Komplizen des Catilina; niemand hat sie erdrosselt, und doch *lebten* sie. Man läßt sie zwar Hochzeiten segnen, aber wer ruft sie schon noch an das Totenbett?

Auch die Priester kosteten eine Lira; da die Nachfrage vom Angebot übertroffen wurde, ging ihr Marktwert zurück. Wie viele Priester es gab – sie waren sichtbar, mächtig, überall! Ihre Wiederkehr ist undenkbar: Keine Prophezeiung spricht davon. Die Prophezeiungen – zuverlässige, zu einer Lira – sagen nur, daß die letzten Priester verfolgt sein werden.

Ich erinnere mich sehr gut an die Priester zu einer Lira: Es waren meine Priester, sie schienen nicht zu wissen, daß ihr Untergang bevorstand, gemeinsam mit dem Untergang vieler anderer Dinge, und in ihrer armseligen Vorstellungskraft glaubten sie an die Stabilität ihres Preises wie an die versteinerte Kraft ihrer mächtigen Institution. Einige von ihnen haben es bis hinauf ins Konzil geschafft; keiner hat dem Pontifikat von Papst Paul VI. standgehalten; wenige von ihnen haben überlebt, vereinzelt nur, wie die libanesischen Zedern am Ende des türkischen Imperiums; aber ein jeder kann sie, die vom törichten Kultusministerium sehr schlecht geschützt werden, wenn er will, durch Priester ersetzen, die gefügiger sind und leichter einzuwickeln.

Ich sage nicht aus Geringschätzigkeit »zu einer Lira«! Priester, Kämme, Frauen, Filme, Romane, Kleidungsstücke zu einer Lira konnten sehr viel mehr wert sein als ihr reiner Marktwert; oder auch sehr viel weniger: Ich weiß nicht, ob ein Wirtschaftsfachmann mir recht geben würde, aber ich habe den Eindruck, daß die einzelnen Marktwerte sehr viel *präziser* geworden sind, daher grausamer, und deswegen dominieren sie uns und reißen uns mit. Ein Gauner kannte nicht einmal die effektive Größe des Ertrags seiner Mühen als Dieb: Er stahl vielleicht aus Vergnügen am Stehlen; und die Lira war da, um zu signalisieren, daß der magische Übergang, wenn man sie hervorholte, stattfinden würde, von der Vitrine in die Hand, die die Lira hielt.

In diesen Preisen, die den zum Verkauf stehenden Dingen nur sehr ungenau zugeordnet waren (vielleicht von den Kassiererinnen), lag etwas Unermeßliches, das Geheimnis des intakten virtuellen Wertes. Man wußte nicht, ob das der wirkliche Preis war: Deswegen fing man an zu handeln, wie man es heute noch im Suk tut und auf einigen unserer Märkte, wo die Verkaufsstände sich in Händen echter Händler befinden, aber das sind die letzten Zuckungen; und das Ende des Handelns trägt dazu bei, das Segel der allgemeinen Verdummung zu blähen, weil dadurch verschiedene Talente zur Tatenlosigkeit gezwungen werden. So konnte für einen Priester die Messe gut und gerne eine Lira wert sein, denn die Lira stand an der Grenze des Niemandslands der Werte, und die Messe zu einer Lira war nicht mit den Schätzen ganzer Reiche austauschbar.

Es ist ein Fluch, daß wir heutzutage wissen, daß eine Sache exakt einen bestimmten Preis wert ist, auch wenn es die kommerzielle Hinterlist gibt, die ihn anhebt. Sie ist kein bißchen mehr wert, leider: nur diese zahllosen und leblosen Lire. Darin liegt ihr ganzer Wert, und wenn die Sache nicht so viel kostete, würden wir sie nicht kaufen, weil wir nicht dazu fähig sind, für sie einen Wert jenseits jeden Preises zu ersinnen: Bei dieser Transaktion träumt man nicht. Aber mit den Priestern ist es ganz anders, weil es sich bei ihnen um menschliche Stimmen handelt. Es gibt Wert und Unwert, sei es bei den damaligen, sei es bei den heutigen Priestern; und man muß sehr behutsam sein, wenn man darüber spricht. Ich verspreche, daß ich es sein werde.

Ich möchte objektiv sein, aber auch nachgiebig, weil mit den Jahren das Mitleid zunimmt; ich habe die Priester niemals beneidet und auch nicht besonders bewundert. Ich weiß nicht einmal, ob ich ihnen nachtrauern soll, den Priestern zu einer Lira. Ich kann nur sagen, wie sie waren, abgesehen von den nicht zu unterdrückenden individuellen Varianten. Überflüssige Beobachtung: Sie trugen die Schwere und die Kraft des Landlebens in die Pfarrhäuser und in die Betsäle der Stadt – eines Landlebens, das beinahe vollkommen eins zu einer Lira war. Wenn es einen grundsätzlichen Gegensatz gab, zwischen uns und ihnen, dann war es dieser: ihre fast ausschließlich ländliche Herkunft. Ich glaube nicht, daß sie sehr viel von der Stadt der dreißiger, vierziger Jahre verstehen konnten, die schon etwas ganz *anderes* war als das *ländliche Leben*; im besten Fall verstanden sie sich auf den Umgang mit den verstädterten Bauern, die noch Wurzeln in jener anderen Welt hatten. Da sie uns, Kinder der Stadt, nicht verstehen konnten, machten sie sich Luft, indem sie uns bestraften und schlugen. Wir hatten ein geheiztes Badezimmer; sie die ärmlichen, grabähnlichen Aborte der Pfarreien. Wir hatten den schon sauer werdenden Wein auf dem Tisch; sie den guten. Heutzutage bewegt sich der Priester in den Städten, die keine Spuren eines langsamen Lebens mehr aufweisen, wie ein Fisch im Wasser.

Gewöhnlich wurden sie leicht handgreiflich; Ohrfeigen, deftige Schläge habe ich von ihnen zuhauf erhalten; es brauchte wenig, um ihre Lust am Peitschen zu erwecken. Sie hatten ein gewisses Vergnügen daran, einen Städter zu schlagen: Die Demütigung des Geschlagenen stammte zum großen Teil daher, daß er sich auf so niederträchtige Weise von einem ungehobelten Mann vom Lande bestraft sah, der darüber hinaus Latein gelernt hatte.

Die zum Teil außergewöhnlich gute Kenntnis des Lateins stellte für den Priester zu einer Lira eine großartige Kraft dar. Im Latein verlor die geistliche Erziehung an Starrheit, ließ sie die lebendige Luft des Heidentums hinein: Der Priester beugte sich dank des Lateins über Horaz, Vergil, sogar über Lukrez; über dem Forcellini* pumpte er sich Sauerstoff in die eingeschnürte Brust. Wenige unter ihnen waren echte Lateiner: In allen aber hatte das Priesterseminar wie eine Art zweites Skelett die Kraft der Konjugationen hinterlassen, die energiespendende Monotonie des klassischen Satzbaus, ein bleicher Ersatz für ihre unmenschliche psychologische Roheit, für den vollkommenen Mangel an Gespür für das menschliche Herz.

Es zählte nicht so sehr die Quantität des gelernten Lateins: Es war die Bedeutung, die dem Latein im geistigen Leben zugeordnet wurde, die die echten Lateiner von den anderen trennte – ich spüre noch heute diese Trennung. Mit dem Ausschluß des Lateins aus den Riten ist den Priestern ein fürchterlicher Schlag versetzt worden. Die liturgische Reform Papst Pauls VI. hat mit einem Schlag das andersartige Profil des Priesters, das externe und interne Priestertum auf die Proportionen des normalen Menschen reduziert. So ist auch die Kutte gefallen; nachdem man ihm die Sprache seiner zweiten Geburt, seines Vaterlands, der Kirche, entrissen hat, ist es dem Priester nun wie Adam ergangen, er hat bemerkt, daß er nackt ist: Vor Scham hat er Jeans angezogen. Aber die Epoche, in der er etwas galt, befand sich dort unten, in den unterirdischen Räumen und Gängen, mit den Zeichen des Henkers behaftet. Der Kutte beraubt und ökumenisch geworden, was hatte er da noch zu *bieten* und zu *gebieten*, an Sicherem, Blendendem, Ausschließlichem, unter Androhung entsetzlicher Strafen? Nichts: Ihm blieb nur das Soziale, in Konkurrenz mit vielen anderen. Aber das Latein und das Gewand machten den Priester aus – und ein dritter Aspekt, den ich höchstens andeuten kann, der aber sehr grundlegend ist.

Es war die Frauenfeindlichkeit uralter asketischer Prägung, das Mißtrauen gegenüber der Frau, die Angst – wirkliche Angst – vor der Frau. Ob die Enthaltsamkeit de facto eingehalten wurde oder nicht (der sein ganzes langes Leben hindurch jungfräulich gebliebene Priester war immer sehr selten: Es konnten bedeutende Charaktere daraus hervorgehen, aber auch unerträgliche Verformungen entstehen, wenn die Enthaltsamkeit nicht vollkommen akzeptiert wurde) – das, was aus einem Mann einen Priester machte, war jene Abscheu vor der Weiblichkeit, die immer hinter der Abstinenz zum Ausdruck kam. Es war eine sehr viel ernstere Angelegenheit als die reine und einfache Enthaltsamkeit: ein geistiger Widerwille, der oft mit der natürlichen Anziehung verbunden war, und Sieger blieb dann der Widerwille.

Ihre Unbefangenheit gegenüber dem anderen Geschlecht zeigte sich nur bei alten Frauen. Dieses Areal war recht groß, denn das Altern begann bei den Frauen früher; erst eine erwiesene Menopause beruhigte den Priester und verwandelte ihn in einen gesprächigen Führer auf Pilgerfahrten der Alten zu den Wallfahrtsorten. Gegenüber der Karrierefrau war er tückisch, ausweichend, verzweifelt, heuchlerisch, entsetzt und schrill (oder auf falsche Art mondän), besonders wenn sie verheiratet war. Die Priester trugen ihre Angst vor einer unbekannten Macht überallhin, wobei sie deren Wichtigkeit maßlos übertrieben.

Der Sexualwissenschaftler Georges Valensin erinnert daran, an wie vielen Prostata-Erkrankungen der Beichtstuhl schuld war, wegen all der Qualen, die der minutiöse Bericht über die erotische Misere auslöste – da drin steckte die ganze Sünde; erholsam dagegen waren die Aussprachen, in denen es um einen Diebstahl ging, um einen Mord – erholsam für den Zuhörer, der das verdauen mußte, um denjenigen davon zu erlösen, der es ihm erbarmungslos vorsetzte. Das war die Prostata zu einer Lira, die gekreuzigte Prostata ...

Auch wir haben uns lange genug als Priester aufgeführt, solange Schmerz und Lust (bei den meisten ein heiteres Unbewußtes) uns nicht dazu trieben, das geheimnisvolle Spielzeug wieder und wieder auseinanderzunehmen und zusammenzubauen: Es ist eine umfassende, kosmogonische, demiurgische Angst im Angesicht des Chaos der brodelnden dunklen Gewässer, bevor man kämpft und in sie eintaucht. Beim Priester verkomplizierte sich dies durch seine seminaristische und theologische Erziehung und bildete beinahe (und deswegen wurde es wie das Latein und die Kleidung zur dritten großen Kraft) seine gesamte Vorstellung vom Bösen. Es war ein ungeheurer Irrtum, das Böse wesentlich in den Frauen und im erotischen Verlangen zu sehen, aber es war auch von allererster Wichtigkeit für den Priester (wie für jeden), daß die Vorstellung vom Bösen nie schwächer werden dürfe, nicht einmal einen Augenblick lang.

Die falsche Sichtweise des Priesters zu einer Lira, sein

auf künstliche Weise verhärteter Blick, seine Frevellosigkeit in der Ablehnung und im Unverständnis von Zärtlichkeiten waren jedoch nicht nutzlos, denn sie bewahrten ihn davor, in einer schlimmeren Absurdität Schiffbruch zu erleiden: im Nichtglauben an die Existenz des Bösen.

Weit mehr als das Konzil hat die sexuelle Revolution dazu beigetragen, den Priester zu verändern. Heutzutage ist der Priester von obligatorischem Feminismus durchdrungen. Leb wohl, Böses, lebt wohl, Bösewichte – und schon ist die Einsamkeit da, die Einsamkeit des Zurückfindens zur Gleichheit mit den anderen, des Lebens als Priester, ohne es dem Gewand und der dogmatischen und asketischen Mentalität nach zu sein, und schon gibt es auch das Vergnügen und die Schwierigkeit, sympathisch geworden zu sein, oder beinahe sympathisch, oder weniger unsympathisch, weil weniger Priester.

Die durch die stabile Lira mehr oder weniger gleichgestellte Gesellschaft war noch nicht gleichberechtigt. Ein gewöhnlicher Mensch unter gewöhnlichen Menschen war der Priester zu einer Lira niemals, auch wenn seine Verhaltensweisen häufig nicht besonders fein waren. Der mit den Sakramenten Ordinierte blieb extra-ordinär, etwas Nicht-Gewöhnliches: zwar als Persönlichkeit vertraut, selten aber »einer wie alle anderen«. Die Angst vor der Frau plus die Sakramente (oder umgekehrt, wenn man will), der (wenn auch sehr unkorrekte) Gebrauch einer toten und für Nichtinitiierte unverständlichen Sprache, das Priestergewand und die Albe trennten ihn von den gewöhnlichen Menschen. Er war auf andere Weise gut; böse war er auf hinterlistige und verzwickte Art. Er war der Priester, Erwecker von Frömmigkeit und Verabscheuung, er war eine Kraft, ein Jemand.

Menschen, die so anders waren, hatten keine Freunde, ein weiterer Grund des Leidens für sie. Vielleicht ist es auch heute noch so, aber die Barrieren sind zum großen Teil gefallen. Mit einem jener Priester hätte ich jedwede Art von Freundschaft für unmöglich gehalten; für die Priester der achtziger Jahre – Söhne der furchtbaren Industriegürtel und der Einwanderergettos, geboren in Kliniken von nicht bigotten Müttern, verunsichert (stelle ich mir vor) aufgrund der Unangemessenheit ihrer Doktrin und ihres Glaubens und ihrer Berufung diesem unermeßlichen Strudel von verdammten Seelen und Körpern, Kulturen und Nationen gegenüber, in den man uns heimtückisch hineingestürzt hat –, für sie verspüre ich hingegen eine gewisse Solidarität und sogar die moralische Notwendigkeit, sie nicht allein zu lassen mit ihrer halluzinierten und enttäuschten Utopie, die glaubt, mit einem kleinen Rest von christlichem Wachs diese langen Reihen von vereisten atheistischen Sarkophagen erwärmen zu können.

Es rührt mich, wenn ich einen unter ihnen finde, in dem Gott nicht tot ist. Aber um nicht von der nihilistischen Strömung mitgerissen zu werden, müßten sie noch immer Priester zu einer Lira sein, hart, andersartig, stolz, widerstandsfähig: Ihre Andersartigkeit aber würde sie isolieren, bis sie, in die Verbannung gejagt, Opfer des Hohns würden. Als mittlerweile gewöhnliche Menschen sind sie dem gewöhnlichen Schicksal ausgeliefert, der gewaltigen und unerbittlichen Anziehungskraft des Strudels. Vom »quidquid facimus venit ex alto« ernährte sich die unerschrockene Gewißheit des Priesters: Aber was weiß er noch vom Latein? Und was von der Finsternis des Bösen? Und was von der priesterlichen Macht des Verfluchens? (Ohne Verfluchungen sind die Segnungen nur entwertete Millionen wert.)

Ich weiß nicht mehr, was ich tun soll... Mich geradewegs in einen Priester hineinversetzen... Tatsächlich habe ich für mich in einer der päpstlichen römischen Schneidereien einen eleganten *Clergyman* in Auftrag gegeben (ganz was anderes als eine speckige Tunika zu einer Lira!), um zu sehen, ob die Welt, von oberhalb eines steifen Kragens aus gesehen, noch weniger verständlich ist.

Sciltians Hut

Und beide starben sie im Jahre 1985.

Zwei Maler: einer, der Spuren eines ganz Großen dieser Epoche – die eine Welt gewesen ist – hinterläßt, eines Überbringers von Träumen für unsere Wunden; der andere hingegen mittelmäßig, beide sehr alt und in Rußland geboren, in jenem anderen Rußland – Marc Chagall und Gregorio Sciltian.

In meiner Jugend habe ich Sciltian verabscheut, den akademischen Fahnenträger, den manischen Formalisten, dann habe ich nicht mehr an ihn gedacht, selten etwas von ihm gesehen; er war beinahe gänzlich in Vergessenheit geraten. Ich wollte ein Interview mit ihm machen, gerade weil er ein so verstaubter und von weit her gekommener Mensch ist, Violinist wer weiß wie vieler Erinnerungen, und ich wollte ihn in Rom aufsuchen, wo er wohnte. Ich hole meine Ideen nicht aus dem Computer: Diese verdanke ich einem Hut. Oder eher einem Meer von Hüten. Alle aus Alessandria. Alle Borsalinos.

Das ist etwas, was die vortrefflichsten Kunstkritiker übersehen: Gregorio Sciltian hat immer einen Hut getragen. »Seit fünfzig Jahren trage ich Borsalinos«, schreibt er in einem Brief vom 5. Dezember 1984, der mir inmitten eines ganz sanften Fließens von Filzhüten gezeigt wurde. Ehernes Gedächtnis: er erinnerte sich an eines seiner Ge-

mälde aus dem Jahre 1929, das sich im Besitz der Borsa-
lino-Familie befand, und erbat es vom damaligen Präsiden-
ten der Firma anläßlich einer Retrospektive zurück oder
vielleicht auch, um es als Reproduktion in einem jener
Kunstbände abzudrucken, die den Industriellen, in deren
Gegenwart man ein Arbeitsessen durchlitten hat, zum
Geschenk gemacht werden, auch den Urologen nach einer
geglückten Prostatabehandlung, manchmal auch den Päp-
sten im Tausch für einen gesegneten Halbmond. Den Sciltian hatte Teresio Borsalino zu der Zeit gekauft, als der
Künstler in Paris studierte. Der große Borsalino hatte
großzügig mit Hüten bezahlt, und Gregorio hatte ihm ein
Gemälde mit Hüten drauf gegeben, fraglos Borsalinos.

Wenn Sciltian nicht gestorben wäre, hätte ich wahrscheinlich etwas über ihn geschrieben, seine Antworten
und seine Jugendlichkeit in den Text verwoben und den
Borsalino kaum ein- beziehungsweise aufgesetzt. Aber er
ist tot, der Hut jedoch lebt, ich werde von nichts anderem
als von Hüten sprechen. Das Gemälde Sciltians, das ich in
Alessandria, in der großen grauen Fabrik am Corso Cento
Cannoni, gesehen habe (auch sie wird in Kürze zur Indu-
strie-Archäologie gehören: Borsalino zieht um, mit wenigen Menschen und sehr viel mehr Maschinen), ist allerdings gar nicht schlecht. Ein Hauch seiner Epoche, ein
sanfter Schimmer von unwiederbringlicher Zeit strömt
musikalisch daraus hervor. Inhalt: eine Tuba, ein klassi-
scher breitkrempiger Filzhut mit einem Knick in der
Mitte, ein Paar Handschuhe für sehr große Hände, eine
Hutschachtel aus braunem Leder und eine Ausgabe des
Journal. Das Datum, 1929, gehört zu den unvergeßlichen:
Die Weltwirtschaftskrise, eine gewalttätige planetarische
Welle, kam bis nach Alessandria, sie erschütterte auch
Borsalino. Streiken war verboten, aber das borsalinische
Gefüge bekam die titanische Erschütterung deutlich zu

spüren, die Belegschaft blieb nicht brav und artig, die faschistische Gewerkschaft und die Regierung in Rom schickten sich gegenseitig besorgte Telegramme.

Der Stellenwert des Hutes ist gesunken. Seine Abwesenheit ist ein Charakteristikum gleichmacherischer Sitten (viele Köpfe, kein Hut, um die Ideen darunter festzuhalten, keine Ideen mehr) und auch eine Ursache für die fieberhafte Inanspruchnahme von Zäpfchen gegen Erkältungen, die anal kuriert anstatt von vornherein abgewendet werden, indem man den Kopf warm hält. Aber wie viele Hüte es noch auf den Figuren Chagalls gibt... Sogar Adam! Auf einem Aquarell von 1910 ist Adam ein hebräisches, aschkenasisches Gesicht mit tief ins Gesicht gezogenem schwarzen Hut: Eva bietet ihm vergeblich bunte Früchte an. Der Hut ist es, so suggeriert Chagall, der Adam vor der Sünde beschützt. Ohne Hut sind wir verloren.

Der Hut ist kein passives Merkmal, er wirft die Falten der Seele, ist Schurke auf dem Kopf eines Schurken, Engel auf dem Kopf eines Engels, Opfer auf einem Opfer, Verzweifelter auf einem Verzweifelten. Im übrigen ist kein Teil der äußeren Bekleidung *äußerlich*, nichts von dem, was sich der Körper zu eigen gemacht hat, ist vom Körper getrennt. Warum sollten wir auf ein wenig Mehr unseres prekären *Daseins* verzichten, indem wir den Hut nicht tragen, der es doch stärkt? Ohne Hut ist man weniger existent, weniger mit dem *principium individuationis* verbunden; wenn breite Volksmengen keine Hüte tragen, spricht daraus vielleicht der unbewußte Wunsch, als Individuum zu verschwinden, in eine auflösende Uniformität zu fliehen. Zeichen der qualvollen Revanche eines skalpierten Volkes hingegen, der großen Anstrengung, sich über Wasser zu halten trotz der entsetzlichen Schläge auf den Kopf, verabreicht durch die parfümierten Hände der Weißen, auf daß es untergehe, ist das Tragen des *choco*, jenes harten Filzhutes, der wie ein

Diadem allen bolivianischen und ecuadorianischen Indios, Männern, Frauen, Kindern, auf dem schmerzenden Schädel sitzt. Sie kaufen ihn in der Stadt und bezahlen ihn teuer, sehr teuer ... Er ist kein Produkt indianischer Handwerkskunst, er ist eine Indianisierung Borsalinos, der *choco* ...

Und dann die Hüte der berühmten *Pilgrimage* von Gustave Doré im London des Jahres 1870. Verzweifeltes Sichklammern armer, vielmehr *bei lebendigem Leibe aufgefressener* Klassen und jeder Art sozialen Abschaums, am Leben-um-zu-leben, am Sein-damit-auch-ich-da-bin, wofür der Hut steht, der nach unendlich verwahrlosten Seelen geformt wurde, Schrei wurde, ausdrucksvoller Fühler, Metapher für Qualen und ironisches Schamgefühl, ein Schamgefühl, dem sich die Dreistigkeit des wahren *underground* beimischt. Wenn man die Gesichter und den ganzen Rest wegnimmt und all die Hüte ansieht, die zwischen Fenstern, Toren, Brücken, Bürgersteigen, Laternen, den düsteren Ecken, in denen Jack the Ripper umgeht, den Eisenbahnen, Armenhäusern, Spielhöllen, Stufen, Bänken schweben, hat man gleichwohl das Schauspiel des lebendigen London vor sich, mit den Zeichen der Traurigkeit und der Erschöpfung versehen, wie bei Blake, in jedem durchnäßten Zylinderhut sieht man die versteckte Taube, deren Flügel von den eisernen Daumen des Kapitals gebrochen wurden. Hunger, Syphilis, Wanzen, Verbrechen, Dickens, aber: Man trägt Hut! Einzige Vision ohne Hüte ist die des Bibellesers im nächtlichen Hospiz: Der Leser hat ihn am Eingang abgegeben, die Besucher haben allesamt vielleicht aus Pflichtgefühl den Hut abgenommen, während sie das Wort Gottes ertönen lassen, um sich dann unter das unendlich große gemeinsame Bettuch zu legen, das mit seinem eigenen den geheimen Schmutz zudeckt. Wer hat ihnen die Hüte verschafft, mit Erlaubnis Disraelis und der Königin? Das Alessandria Borsalinos.

Es war unvermeidlich: Ich habe einen gekauft, einen zu mir passenden Borsalino, und jetzt betrachte ich mich nach dieser plötzlichen Verwandlung forschend im Spiegel. Ein Borsalino verändert und verbessert; die Rückkehr des Winters ist weniger traurig, wenn man denkt: Ich werde wieder den Borsalino aufsetzen. Meiner sitzt weder zu eng noch zu locker, zwischen Daumen und Zeigefinger wird er dünner, er fällt zusammen, fängt sich wieder, kämpft; auf dem Kopf lebt er sein eigenes Leben als Hut, als der er eine geringfügig andere Beziehung zur Welt hat als ich, auch wenn er es gutmütig akzeptiert hat, Teil von mir zu sein; ein Gefährte ist er, kein Sklave. Aber er ist ein Hut, der nicht ins Auge fällt: Am Corso Cento Cannoni habe ich neunundneunzig andere Hüte aufprobiert, und jeder hätte mein nacktes Haupt interessanter aussehen lassen. Da waren jene unzähligen Hüte der Unterwelt New Yorks oder Chicagos aus allen Zeiten und all die Zweispitze und die Dreispitze und die Hüte der Chassidim und die Strohhüte aus China und die Talmudhüte und dann die Texashüte und die Tropenhelme und die verflossene Mode der Frauenhüte, die Glanzzeit der Borsalinos mit ihrem Charme, Modelle, die Kriege durchgemacht haben, Spiegel zum Glänzen brachten, den Schränken ein Geheimnis verliehen, Düfte in die Zimmer verströmten, die Eisenbahnabteile erleuchtet, städtische Agonien verhüllt, Fenster, Tore, Kutschen, Isotte-Fraschinis* in Erscheinungen verwandelt haben.

Ich werde nicht tagtäglich mit dem Borsalino auf dem Kopf ausgehen, und auch nicht überallhin. Wenn Sciltian fünfzig Jahre lang Borsalinos getragen hat, so wissen sogar meine tapferen Freunde, die einzelgängerischen Katzen, daß ich seit mindestens vierzig Jahren eine Baskenmütze trage und daß ich mit dieser Tiara auch unter den Schatten wiedererkennbar sein werde.

Mit Trauer habe ich die Baskenmütze vom treuen Kopf

der Turiner Arbeiter verschwinden sehen (sie trugen eine sehr kleine, fast eine Kippà), von den Köpfen der Franzosen, die in Cafés diskutieren oder in Büchern blättern, aus den nachfranquistischen *Ramblas* in Barcelona und sogar aus den Städtchen des alten Kastilien. Man fällt mit der Baskenmütze geradezu auf, so als trüge man einen Rabbinerhut oder einen *choco*.

Damit die Baskenmützenfabriken nicht schließen, kaufe ich pro Jahr durchschnittlich zwanzig- oder dreißigtausend. Und ich kaufe sie beim Händler, nicht in der Fabrik, damit sich anstelle des tüchtigen hysterischen Hutverkäufers nicht ein unzerstörbarer Supermarkt breitmacht, der von Dümmlingen ohne Baskenmütze und ohne Hut überlaufen ist.

Auf meinen spärlichen Haaren nutze ich etwa hundert davon ab, die anderen verteile ich, ohne große Hoffnung, an die Kinder (man soll niemals Hoffnungen in die Kinder setzen). Ich sage ihnen: Setzt euch etwas auf den Kopf, fangt mit dieser blauen oder braunen oder grauen oder nußfarbenen Mütze an – eines Tages wird es einer von euch bis zum Borsalino bringen, wie es auch bei mir der Fall war, in fortgeschrittenerem Alter, wie ihr seht –, und sofort wird sie euch von den Affen und den Fliegen unterscheiden, und sie wird euch vom Kopf fallen, als Mahnung, wenn ihr gerade etwas tun wollt, was egoistisch oder verräterisch ist. Der bedeckte Kopf wird euch nicht nur vor der Nieserei, dem Rotz und dem Aspirin beschützen, sondern auch vor der Verrohung: den Kopf zu bedecken ist hochgradig zivilisiert, weil es eben sehr zivilisiert ist, ihn im richtigen Moment zu entblößen.

Wer mit bloßem Kopf herumläuft, verlernt es, Ehre zu erweisen, da aus unserem Leben jede Form von Verbeugung verschwunden ist. Es gibt Anlässe für ein unwiderstehliches Bedürfnis, einen Augenblick lang mit entblößtem Kopf zu verweilen. Es ist wunderschön, den Hut vor einem Bild von Rembrandt zu ziehen, vor einem Paar Schuhen von van Gogh.

Bei einem Unglücksfall, vor einem leeren Krankenhausbett. Vor einem Schlachthof, einem Grabstein, einer Geste. Wenn der Kopf nackt ist, verliert das Herz dieses grundlegende ethische Bedürfnis.

Ob federgeschmückt oder mit Blechtöpfen auf dem Kopf, die Zivilisation mit dem Ziel der Austreibung der Barbarei hat sich immer mit Kopfbedeckungen ausgerüstet. Mit dem Helm haben wir versucht, der Stärke ein Zeichen, ein Maß, eine Auszeichnung beizufügen. Den eigenen Hut mit Füßen zu treten hilft, die Wut auszutoben, ohne irgend jemandem zu schaden. Eine Stadt, die so viele Hüte zur Welt gebracht hat, Alessandria im Piemont, ist eine *zivilisierende* Stadt im allumfassenden Sinn.

Also, zivilisiert euren Kopf, indem ihr ihn bedeckt. Arme Kinder, ihr habt wenige Jahre nur, vielmehr nur wenige Stunden Zeit, um zu lernen, alles – ich sage *alles* – abzulehnen, was euch angeboten werden wird an Lärmendem und Unbedeutendem, an Elektronischem und Geruchlosem, an Gezüchtetem und Veredeltem, an Vereinfachtem und Süßlichem, an Kalkulierendem und Neutralisierendem, an Verdummendem und schlecht Ernährendem – von dem Menschen (eurer Mutter, eurem Vater, jedem), der nichts auf dem Kopf und nichts im Kopf hat, nichts als das Nichts, und der auf der Erde, die von den Todesstrahlen der zu vielen Nichts geröstet wird, nichts als das Nichts des eigenen Nichts ausbreiten kann.

Weist alles zurück außer dem nicht mehr gebräuchlichen Brauch, den Kopf zu bedecken, etwas Anschmiegsames und Widerstandsfähiges auf dem Kopf zu tragen.

»Und wenn auch die Mützen, Hüte, Turbane verschwinden sollten?«

Dann werdet ihr euch einen Papierhut basteln, mit
zwei Ecken, von der Sorte, wie sie jeder Maler einst basteln konnte und zu tragen pflegte. Er war ein männliches
Lächeln, ein Zeichen von Berufsstolz – eines der authen-
tischsten aller Berufe –, der Hut mit zwei Spitzen, farbbe-
kleckert, auf dem Kopf des Malers, der ganz oben auf der
tropfenden Leiter steht, Akrobat ohne Applaus auf seinem
Gerüst.

Die Hunde der EUR*

Historisches Zentrum und EUR: Aus diesen beiden Extre-
men läßt sich in der Zeit von Samstagabend bis Sonntagmorgen eine interessante Erfahrung formen. Für mich bedeutet *historisch* in Verbindung mit *Zentrum* gar nichts
(nämlich das, was es in der Umgangssprache exakt bedeuten soll: nichts): Im Falle Roms verweist es auf ein Gebro-
del von Verkehr und Lärm, in dem eine gewisse Anzahl von
Kirchen und alten Palästen einhertreiben und aneinander-
stoßen, ohne einzustürzen.

Am Samstagabend vermittelt dieses Zentrum ohne Zentrum einen Eindruck dessen, was motorisierte menschliche Verrohung bedeutet, ein Abendessen inmitten von
Abgasen und die Heimfahrt mit gemartertem Trommelfell,
im ununterbrochenen Würgegriff der Hupen. Würde der
Samstagabend bis zum Mittag des darauffolgenden Tages
dauern, hielte Rom (oder jede andere christliche Stadt, die
einen Samstagabend besitzt) nicht stand: Sicherlich würde
irgend etwas geschehen, fiele ein Regen aus glühenden Zie-
gelsteinen, bräche eine ungeheure, unterschwellige Panik
aus.

Die verwesende Seele ist schlimmer zu ertragen als verwesendes Fleisch. Es schien mir, als sähe ich Haufen von toten, nackten, von einem riesigen Bulldozer zusammengeschobenen Körpern, und statt dessen war es die Gegend um das Pantheon herum, im Getöse versunken, die Mägen platzten vor Völle, die Restaurants gierten nach Einnahmen.

Da kam mir die erlösende Idee: Warum nicht um sechs Uhr morgens zur EUR fahren? Eine Reise zu den Antipoden! Die Flucht auf die Samoa-Inseln! Das Morgengrauen zwischen den phantastischen Löchern des Palazzo della Civiltà del Lavoro! Der Autobus raste, voll Inbrunst die Kilometer fressend, durch die asphaltierte Wüste, genoß den Tau der anwachsenden Geometrie, der aus den Wohnvierteln längs der Cristoforo Colombo, aus dem feuchten Gähnen der nackten Zwischenräume der Fiera di Roma herunterperlte.

Eine nicht rituelle Art der Läuterung – aber eine wirksame. Der eine oder andere verzweifelte Mensch mag darin Trost finden: einen schäbigen und schwachen Trost, zu einem Universum passend, das überall zum Konzentrationslager wird, einen Trost, der um so kostbarer ist, je stärker die Trostlosigkeit an Boden gewinnt.

Mussolini und seine Baumeister konnten, als sie sich an die Eroberung dieser öden Gefilde machten, um das E. 42 daraus zu gewinnen, sich die urbane Zukunft dieser Nicht-Stadt mit dem Nicht-Namen, EUR, nicht vorstellen, und noch viel weniger, daß diese Entseelung mit dem totalitären Siegel einer Landschaft, die so sehr Nicht-Sinn, Nicht-Seele ist, einen bedeutungsträchtigen künstlichen Sinn erhalten könnte, ein seltsam asketisches Seelensurrogat. Sie konnten sich nicht vorstellen, daß es dort einen besonderen Stamm von EUR-Bewohnern, ausschließlich eurische und anderswo unvorstellbare Institutionen geben würde, daß jemand erregt durch die EUR laufen könnte wie einer, der das Auftauchen eines Gedankens erwartet, wegen der Verwandtschaft der EUR mit der Wüste, welche die Gedanken günstig stimmt und Visionen entstehen läßt.

Hat Antonioni nicht einen außergewöhnlichen Film daraus gewonnen, eine Geschichte von reiner und schmerzfreier Einfalt, die aus den Außenansichten von Straßen und Gebäuden der EUR, aus Bildern (darin lag die Genialität und das Geheimnis), die kein Vorwand waren, sondern wirklich aus dem Inneren der EUR stammten, der EUR, gesehen als ein technisches Thebais, einen Zauber von Unendlichkeit erhielt, eine wollüstige Kontemplativität, *L'Eclisse*? Dieser Film überflog die EUR nicht, er entdeckte sie, bot die Möglichkeit, ihre Eiseskälte zu wittern, ihre harte Unwirklichkeit einzubehalten wie einen Hauch von Poesie und verblüfft festzustellen, daß es auch dort »Götter gibt«.

Ein Rundgang durch die EUR ist weder enttäuschend noch täuschend: Er ist eine Initiation in die technische Wüste, die theatralischste Initiation, die ich kenne, die abwechslungsreichste und auch die am wenigsten giftige. Man steigt aus einer schon mehr als verrotteten U-Bahn aus (der dreckigen, düsteren Linie B), man ergießt sich aus hundert Autobussen, deren Fahrtziel die Via dell'Elettronica oder der Piazzale della Poesia ist, und befindet sich im Nu an der Grenze, die von den Schaudern der antiken Mysterien heimgesucht wird: das sind ein phantastischerweise Luneur genannter Lunapark, der Abgeschmacktheiten wie das Scheibenschießen und die Jahrmarktsbude inmitten der Trostlosigkeit umfaßt, und der Obelisk, der Pilz, der kleine See, die Ministerien, die ENI,* der Sportpalast Palasport, die ganze faschistische Metaphysik à la De Chirico und die ganze weitere passive Sub-Metaphysik, die der Gott der Technik großartig dem Rest angleicht, in großen Räumen, drückender Stille, trunken machenden Einsamkeiten, schwindelerregenden Höhepunkten der Ödnis, und man geht weiter, immer weiter und wird beständig von dieser Hypothese des Glücks aufrecht gehalten: Ich werde von diesem Ort nicht fortgehen, ohne daß du, EUR, mir einen neuen Gedanken geschenkt hast.

Ich kannte die sommerlichen eurischen Sonnenuntergänge, aber sie wiegen nicht einen nebligen winterlichen Sonntagmorgen auf, inmitten von Dämpfen, die aus all diesem unsinnigen Grün hervorgesprüht werden, das aus fernen Tälern und nahen Baumschulen herangeschafft wurde, Grün der Nadelbäume, Grün für die Ufer künstlicher Gewässer, die »Spaziergang durch Japan« genannt werden, große Kuppeln von Grün, die die EUR mehr noch als ihre Gebäude von Rom entfernen und sie in der sandreichen Schweigsamkeit einer technischen Sphinx isolieren, die aus der Leere, dem Unfindbaren aufsteigt, nicht aus einem von lateinischen Vorfahren beackerten Boden.

Die Idee zu einem Palazzo della Civiltà Romana harmonierte perfekt mit dieser kompletten Absurdität, denn wenn die E. 42 auch ein erzfaschistisches Projekt war, dann war sie ebensosehr römisch im Sinne der Kultur, wie ein Stück Provolone ein antiker Kimono ist: Auch der Romanismus war ein gezüchteter Nadelbaum.

Aber erst die Demokratie hat die Absurdität perfekt gemacht: Die römische Kultur, die von Guerrini, Romano und La Padula* im Jahre 1939 in die E. 42 verpflanzt worden war, wurde unter den aufgeklärten Nachfolgern zur »Kultur der Arbeit«, und ich hatte Lust, in all ihren Löchern zu wühlen, um zu verstehen, was eifrige Idioten überhaupt unter Kultur der Arbeit verstehen, angesichts der schwer entwirrbaren Mehrdeutigkeit des Wortes Arbeit. (Auch die Arbeit eines Mörders ist eine Arbeit – man sagt »gute Arbeit« – ebenso wie die des geschickten Bomberpiloten – gleichfalls »gut gemachte Arbeit« – und die des Zerstörers wunderbarer Stadtviertel, die der Prostituierten, des Schlachters, des Fälschers: alles Leute, die es zweckmäßigerweise vorgezogen haben, die Kultur aus der eigenen Arbeit auszuschließen.)

Hoch oben, ein wenig von der Zeit verwittert, kann man noch die Inschrift Mussolinis lesen, in der die Helden genannt werden, und die Helden arbeiten nicht, für sie wurde ein eigener Palast gebraucht. O ja, ich würde gerne ein wenig darin herumstöbern! Wenn man mir die Erlaubnis gibt, werde ich extra deswegen zurückkehren! Im Palast haben einige Schreckgespenster ihren Sitz: der nationale Verband der Ritter der Arbeit, der Verband der Meister der Arbeit, der Verband der älteren Arbeitnehmer, alle mit dem Ziel, wie dort steht, »den Kult der Arbeit und seine moralische Bedeutung für die moderne Gesellschaft zu preisen«. So hat die äußere architektonische Karies ihr exaktes Gegenstück in der geistigen Karies der Verbände im Inneren, sofern sie sich je versammeln sollten, im Zeichen des Kultes der Arbeit und mit dem Ziel, die gehobene Unwahrscheinlichkeit ihrer »moralischen Bedeutung« zu preisen!

Währenddessen entlädt sich an den etwa dreißig Statuen des Ehrenstockwerks die ikonoklastische Schändung seitens der Feinde der Arbeit: jede Menge abgeschnittene Penisse, abgehauene Arme und Finger, malträtierte Riesenfüße. Auf einigen Sockeln anarchistische Aufschriften und mit der Abkürzung Aut. Op. solche von Anhängern der Ideen Toni Negris.*

Sie sind faszinierend, diese unerbittlichen, ebenso faschistischen wie postfaschistischen, im Grunde neutralen Götzen, die die Wissenschaften und die Künste vertreten und eindringlichste Blicke eines messianischen Versprechens in Richtung Zukunft und EUR werfen, eines Versprechens, das vollkommen paranoisch ist und gezeichnet von einer verzweifelten Ohnmacht.

Aber die EUR kann sich auch auf traditionelle und weniger nackte Beschützer berufen: Eine Kreuzkuppel mit nichtaphrodisischen, neochristlichen Mosaiken, in der die Wachskerzen aus Neonröhren gemacht sind, ist Peter und Paul geweiht, deren riesige Standbilder vom Platz aus ökumenisch mit der Chemie, der Zoologie, der Astronomie aus dem Palast der Kultur der Arbeit dort unten diskutieren.

In der Basilika finden sich die Gläubigen eher zahlreich zur Sonntagsmesse ein. Am Eingang erwartet sie das Dilemma: »Atombombe oder Nächstenliebe? Ihr müßt euch sofort und auf ewig entscheiden.« Das Kästchen »Für die Armen« steht dort aus alter Gewohnheit des Bettelns. Arme, auf zur EUR! Ich schiebe, um mich nicht schämen zu müssen, einen Hunderttausendlireschein hinein.

Die Toponomastik umfaßt alles: Die Allee des Humanismus mündet in die Straße des Radsports, von der Allee der Sportrekorde kann ein Schlafwandler über die Tibetstraße und die Straße des Eiskunstlaufs den Platz der Arktis erreichen, von dem die Gogolstraße und die Esperantostraße abgehen, die beide in die Allee des Pazifischen Ozeans münden, die wiederum nicht weit von der Euphratstraße entfernt liegt; aber ich gehe schon die Straße der Champions hoch, angezogen von der gleichmütigen Rundform des Sportpalasts, berühmte Schöpfung von Pier Luigi Nervi, ein Bau, den ich nicht einmal im Traum wiedersehen möchte, so sehr drückt seine gebogene Form auf den Verstand, und dort taucht eine mantuanische Büste des berühmten verrückten Rennfahrers Tazio Nuvolari auf, dessen außergewöhnlichster Erfolg ohne Zweifel darin bestand, daß er nicht auf der Rennbahn starb. Auch Gandhi als Champion des Fastens hat seine Büste in der EUR.

Der Kongreßpalast lag stumm da ... Aber klar doch, so jung an Baujahren und soviel rednerischer Ruhm! Ich habe unvergeßliche Erinnerungen daran: Als ich in Rom wohnte, ging ich zu den sozialistischen Kongressen, ich amüsierte mich mehr als im Luneur. Dort habe ich von den Zuschauertribünen aus die schleppenden und doch mitreißenden Ansprachen eines Nenni gehört, der runzeliger war als ein Schimpanse und schon Beifall auslöste, wenn er nur »der soziale Gedanke« oder »das Land braucht« sagte, und das beeindruckende Trompeten von Riccardo Lombardi, Tullio Vecchietti, Emilio Lussu, der Giftpfeile gegen Nenni schleuderte, ohne auch nur eine einzige seiner Runzeln zu schrammen.

In den Korridoren drängten sich empörte Abgeordnete, Frauen, die nichts anderes als Broschüren am Leibe trugen, Politiker, die gerade an der Prostata operiert worden waren. Ich spendete einige Lire für die Flüchtlinge und Verdächtigen aus hundert verschiedenen Regimes, und ich verließ den Palast, um die vom Händedruck so vieler Unbekannter schmerzende Hand auszuruhen. Die EUR, der große metaphysische nächtliche Schließmuskel, erwürgt lautlos allen verbalen Unsinn. Von einem Kongreß in der EUR bleibt nichts; ein idealer Ort, um ihn dort abzuhalten.

Aber die Hunde sind später gekommen. Es hat lange gedauert, sie abzurichten. Denn die EUR hat vollkommene, radsportlerische, chemische, tibetanische Straßen mit stabiler Bevölkerung hinter Schutzmauern aus nordischem Grün und unter Hochspannung stehenden Zäunen, und wenn man die Klingel neben der Sprechanlage betätigt, antwortet zuerst ein dumpfes Knurren, dann ein wütendes Bellen. Vielleicht His Master's Voice ... Ich habe sie nicht gesehen, die Herren, aber die Hundeschnauzen, die damit beauftragt sind, sie zu vertreten, sind durch die Gitterstäbe hindurch deutlich sichtbar (alle Einwohner der EUR, Frauen wie Männer, sind Akademiker). In den Häusern der EUR gibt es Reichtum, Kultur, kostbare Möbel, Teppiche ... Und soviel Medizin! Und alle Wissenschaften der Kultur der Arbeit! Die Hunde sind mit ihren glühenden Augen ein unaufhörlicher lebender Alarm: Sie würden auch eine Fliege beißen, wenn Fliegen existieren könnten, in der EUR ...

Ob es wohl, wenn man an dem bissigen Hund vorbei ist, eine Frau gibt, meinetwegen auch eine mit zwei Universitätsabschlüssen, die Lust hat, dich zu wärmen, zwischen ihren drei oder vier Fingern, die von der Kälte blau angelaufen sind? Eine Wissenschaftlerin, die fähig ist, mit ihrem Atem deine eiskalten Füße zu wärmen? Oder sogar eine Frau, die keine Ahnung hat von Echographie und Szintigraphie: und dort geboren wurde, eine Euranierin, Frau von Euranius? O Gott, einer der Hunde aus der Straße der Behinderten ist aus dem Tor herausgelaufen! Er kommt auf mich zu ... Und von der gegenüberliegenden Seite noch zwei ... Ein vierter nähert sich, ein KZ-Hund, entsetzlich, monströs ... Ich bin in der Falle ... Ich werde nicht unversehrt aus der EUR entkommen ... vielleicht nicht einmal lebend ... Schachmatt, durch die Hunde der EUR ... Wissenschaft, Literatur, Industrie, Macht: ein einziges schauderhaftes Gebell der Kultur der Arbeit, verstärkt durch das stereophone Glockengeläut von Peter und Paul. Andere Hunde kommen angelaufen, keiner mit freudiger Miene ... Dort drüben ist jemand in Unterhosen dabei, seine halbe Stunde abzujoggen, um mehr oder weniger zu wiegen, aber es ist zwecklos zu schreien, er würde es nicht hören.

Risse in Assisi

Ein guter Anlaß, dieses Erdbeben, um für einige Stunden nach Assisi zurückzukehren und auf diesen wenigen Seiten einen Versuch gegen den Gemeinplatz zu unternehmen – etwas über Assisi zu sagen, ohne den heiligen Franziskus zu erwähnen: Werde ich dazu imstande sein? Es ist eine notwendige stilistische Hygienemaßnahme. Aber man muß Assisi lieben, mit dieser Liebe, die untrennbar mit Schamgefühl verbunden ist, und einige Zeit dort gelebt haben, um die Unabdingbarkeit des Schweigens über diesen so wenig gewöhnlichen (aber für seine Zeit wiederum nicht außergewöhnlichen) Mönch zu verstehen, durch dessen Existenz das riesige Fremdenverkehrsbüro, das Assisi, vielmehr Umbrien genannt wird und toskanische Ableger hat, seinen Startschub erhielt. Wie vorausschauend er war! Und heute bin ich aufs neue hier, nach so vielen Jahren (nicht so vielen vielleicht, zwölf: sind das viele?), um Assisi aufzuspüren, unter dem Vorwand, von undeutlich erkennbaren Rissen zu erzählen, von abgebröckelten Stellen, von tellurischen Schrecken, inmitten einer Menschenmenge, die alles ausfüllt, alles genießt, einfach alles ißt und trinkt, und inmitten eines bunten Mittelalters aus Fahnen und Fahnenschwingern, das die gerade beginnenden Festlichkeiten des Calendimaggio (die Tage nach dem ersten Mai des echten Mittelalters aufgrund gewerkschaftlicher Usurpation des Ersten Mai) freudig willkommen heißt.

Trommeln ertönen, auf dem Platz werden Lautsprecherproben gemacht, das Italien der Eiscreme läuft auf vollen Touren, die Polaroidkameras spucken kilometerweise Gesichter aus, die Schwester Tod ist mehr denn je eine unaussprechliche *puta vieja*, nichts also ist fröhlicher als ein künstliches Mittelalter.

Wir wohnten in der Via Santa Maria delle Rose, hinter einer Holzpforte, und fast jede Nacht suchte uns das Erdbeben heim. Es drang in den Schlaf wie eine Art Pfeifen, durchlief uns mit einem blitzschnellen Zickzack – tagsüber imitiert von Flugzeugen über uns, die die Schallmauer durchbrachen –, und es war nicht angenehm, aber wir legten uns wieder schlafen. Es waren *Routine*-Stöße, die niemanden beunruhigten. Als Vorsichtsmaßnahme hatten wir einen offenen Koffer im Zimmer stehen, um uns für den Fall stärkerer Erdstöße in ihn hineinzuflüchten. Es gab Gerüchte, die alarmierender waren als das übliche umbrische Erdbeben: Terroristen planten, hieß es, Anschläge gegen die Basilika, in der noblen Absicht, irgendein in tropischen Gegenden begangenes Unrecht zu rächen. Aus Rom sollten sofort Fernsprüche losgeschickt werden, wer weiß, ob sie inzwischen eingetroffen sind. Für das Erdbeben vom 29. April 1983 sind dann Experten angereist, haben mit den Fingerknöcheln die Freskenwände abgeklopft, um die hinterlistigsten Risse zu entdecken, die fast unsichtbaren, aber die größten Risse befinden sich im Kloster, im Refektorium, in den Klausurräumen: So sagt mir ein Mönch, ich habe sie nicht selbst gesehen.

Wie ein Schuß Tauben aufflattern läßt, so hat der Erdstoß vom 29. April sein Ziel erreicht – die Touristen zu verschrecken –, und er hat viele wieder verjagt, bis nach Hamburg und noch weiter. Aber die Tauben kehren immer wieder auf ihre Kirchplätze zurück, und die Touristen sind zurückgekommen, um die Fresken zu bepicken, die sich nach einem endgültigen Erdbeben sehnen, so sehr haben sie es satt, von dummdreisten Augen betrachtet zu werden, und das Fest des Calendimaggio gibt sich alle Mühe, die Touristen einige Tage länger zu halten und andere anzulocken, für die statistischen Erhebungen.

Eine Art, den Verstand zu beschämen, ist das sofortige

Herbeten des Gesamtschadens in Zahlenform. Es ist stets die gleiche Farce, wo immer ein Unglück geschieht: Die Überschriften kündigen mit einem Beben der Bewunderung an, wie groß der Schaden ist. Es gibt welche, die unbestimmt bleiben, die jedes mögliche *mehr* vermuten lassen (»Schaden in Höhe von Milliarden«, »mehreren zehn Milliarden«, »Hunderten von Milliarden«), und andere, die die Präzision lieben: dreißig, vierzig, hundertundsieben, fünfhundert Milliarden Lire. Beim umbrischen Erdbeben bin ich von den triumphalen Zeitungsspalten über Schäden in Höhe von vierzig, fünfzig, hundert Milliarden informiert worden; so ist mir die Möglichkeit gegeben zu wählen: Ich wähle fünfzig, wegen der schönen Zahl. Eine Kultur von Drogisten und Buchhaltern ist das; demjenigen, der das damit verbundene Grauen nicht erträgt, sei es erlaubt, schwindelerregende Übelkeit angesichts des unaufhörlich quantifizierten Nicht-Quantifizierbaren zu empfinden.

Unverzüglich hat man im Falle von Assisi die voraussehbaren Verluste für die gerade eröffnete *Saison* berechnet: eine Milliarde, zehn, zwanzig ... Und sofort auch der Wettlauf der Verhätschelungen: Aber nein, seid beruhigt, jetzt ist es vorbei, kommt zurück, Giotto wartet auf euch mit dem Eis in der Hand; und wer jetzt in den Zeitungen über Umbrien spricht, den streichelt innerlich das Gewissen: Wie anständig von dir, daß du mithilfst, du machst einem Lust, dorthin zu fahren. Auch ich bin mit von der Partie, auch ich! Wer weiß, wie viele Reservierungen es nach diesem Artikel gibt: Schauen wir mal, zweihundert ... dreihundertundzwei ... Mit allen Extras, wie hoch sind die Einnahmen? Aber nein, ich bin einzig und allein gekommen, um nachzuprüfen, ob auf der Piazza del Comune noch die Apotheke des Doktor Cogolli und das prächtige Keramikschild »Ernesta Zubboli – Cartoleria – Tipografia« zu finden sind, um die Holzpforte und das Fenster in der Via Santa Maria delle Rose wiederzusehen. Wie gut, es gibt sie noch.

Und es gibt in Assisi auch noch den Wind, seinen unnachahmlichen Wind, der auch dann nicht weh tut, wenn er hyperboreisch ist, und es gibt jenen charakteristischen Geruch der umbrischen Dörfer, zwischen Mittagszeit und Abend, nach eßbarem Rauch, appetitanregendem Rauch, der mysteriösen okkulten Braten entweicht, der etwas Erdiges und etwas Geistiges mit sich trägt, von einem freigekauften Blutopfer zu stammen scheint, von einem Altar, nicht aus der Finsternis eines Schlachthauses. An keinem anderen Ort würde ich den Geruch gekochten Fleisches angenehm finden; dort scheint er dir entgegenzukommen, um das Unbehagen zu zerstreuen: Er ist eine Täuschung, eine unter vielen, die vom besonderen Genius loci geschaffen werden, einem der mitleidigsten Zauberkünstler, der gewiß nicht verleugnet werden kann. Jetzt kommt mir bloß nicht mit dem berühmten Mönch: Die besondere umbrische Weichheit gibt es seit den Zeiten der Italiker, bevor die unmenschlichen Römer mit ihren Raubadlern kamen, und jetzt tut sie, was sie kann, schlägt sich mehr schlecht als recht durch, überlebt, versteckt sich, taucht für die weniger Unempfindsamen wieder auf, und auch wenn es heißt: »Ihre schlaffen, leeren Zitzen sehen aus wie Spinngewebe«, verschwendet sie diese immer noch im Überfluß an die Milchsauger der Reisebüros und spritzt ihnen die weiße Flüssigkeit der Lebenskraft in ihre Münder. Und sie fahren beruhigt wieder ab, in ihren Autobussen, wahren Monstren der Negation.

Ein DNA,* wie er nie wieder erreicht wurde (Dante dei Nobili Alighieri), einer, der gut seine »Hunderte von Milliarden« wert war, hatte auf wundervollste Weise das Wesen der Luft von Assisi erfaßt, als er sagte, nennt es nicht Assisi, sondern Orient, das ist sein wahrer Name. Man weiß, die Oriente sind überall verstreut, sind die Asien, deren Lotossamen überall dorthin fallen, wo es eine erleuchtete Nische gibt, die sie aufnimmt. Aber bei den Mönchen, die man sieht, entdeckt man keine Züge des Orients, ihre Gesichter drücken dumpfen Okzident aus, und Okzident paßt nicht zu Assisi.

Und das verschleierte Nönnlein in der Krypta von Santa Chiara? Ich bin eigens dorthin gegangen, es war einer meiner Assisi-Auferstehungs-Vergnügungen. Ein kleines Theater: das Gitter, die Urne, der versteinerte Körper, schwarzes, seit Jahrtausenden totes Gezweig, aber mit Gesichtszügen, die bei der Mumifizierung kunstvoll geformt wurden, freundliche Vision des Todes (mit falscher Beleuchtung, zu starkem Licht, ohne Schatten), und nach einigen Augenblicken tauchte plötzlich die Klarissin auf und wiederholte ihren einzigen Spruch: »Dies ist der Körper der Santa Chiara ... Er ist durch den Kontakt mit der Luft schwarz geworden ...« Das dauerte einige Minuten, man ging befriedigt fort: Der Singsang war vollkommen unpersönlich, heilige Musik, Werk eines Unbekannten, die Klarissin war der Niemand der Klausur, das *sine nomine* des reinen Todes. Ich gehe noch einmal dorthin zurück; ich warte gespannt; nichts. Für einen einzigen Zuschauer wird die Vorstellung nicht geboten, warten wir also ... Da kommen im Gänsemarsch grauenhafte amerikanische Touristen, aufgebläht, zufrieden, alles alte Leute, alles Photographen ... Jetzt wird sie erscheinen, sage ich zu mir und rücke ein wenig zur Seite, ohne den Platz in der ersten Reihe aufzugeben. Die Touristen bewundern die Mumie, sie drängeln (du lieber Gott, was für Gesichter! Wir sind wirklich ganz schön heruntergekommen, wir Weißen), und sie gehen weiter. Reiner *Okzident*, noch viel mehr als bei den Mönchen. Von der Klarissin nichts, Stillschweigen.

»Dies ist der Körper der Santa Chiara ...« Nichts. Nur der kleine Tod, schwarz wie Kali, in seinem Schweigen der nie berührten Jungfrau: Christin oder Altägypterin, Asche. Schade, ich werde enttäuscht abreisen.

Ich ging allein durch Assisi, um Mitternacht im Januar des Jahres 1972. Ein Fenster war geöffnet und erleuchtet. Die Luft war klar, die Stille vollkommen. Plötzlich: HURE! SCHMUTZIGE HURE! HURE! zerbricht eine männliche Stimme den nächtlichen Frieden, hebt ihn aus den Angeln, eine furchtbare Stimme, die viele Male Hure Hure Hure wiederholt. Aber ein weiblicher Schrei bleibt aus, hinter dem erleuchteten Fenster; weder Lärm von Raufenden noch das dumpfe Aufschlagen des ermordeten Opfers, nichts. Auch den Mann kann man nicht sehen, das Fenster bleibt sperrangelweit offen. Nach einer Weile gehe ich. Ich denke, daß der Mann allein war. Seit damals schreie auch ich ab und zu in der Stille ganz laut: HURE! SCHMUTZIGE HURE!

Gut, es scheint mir gelungen zu sein, von Assisi zu sprechen, ohne seinen Heiligen zu erwähnen: und an seiner Stelle Ernesta Zubboli zu nennen. Aber nicht einmal das Wort Erdbeben hätte ich verwenden sollen, es ist verschwommen, düster, stillos, langweilig ... Ist Assisi auch noch so künstlich, es bleibt doch unbeschwert; ist es auch noch so vergiftet von Menschenmengen, es bleibt einsam. Es hat an Würde eingebüßt, aber seine Luft trägt es.

Anmerkungen
der Übersetzerinnen

S. 15 »Forse perché della fatal quïete«: Zitat aus Ugo Foscolos Gedicht »Alla sera«.

S. 21 Via dell'Angelo Custode etc.: Straße des Schutzengels, Gasse des Glücks, Piazza der Fürbitte.

S. 25 Via dello Stincone etc.: Straße des Schienbeins, Gasse des Stummen, Straße des Kreuzhügels, Straße oberhalb der Taverne, Straße unterhalb der Taverne, Gasse der Unredlichkeit, Straße der Stadtmauer, Straße zum alten Dinkel, Straße der alten Festung, Straße der Zigeuner.
Horaz: Anspielung auf einen Vers, in dem Horaz sich auf dem Forum nach dem Preis des Dinkels erkundigt.

S. 54 Cecco Angiolieri (ca. 1260–1312): Vertreter einer burlesk-realistischen Lyrik, stand im Gegensatz zur Dichtung des Dolce stil nuovo.

S. 58 Minamata: in den 50er Jahren in Japan aufgetretene Krankheit durch Quecksilbervergiftung.

S. 60 Mönch von Stilo: Tommaso Campanella (1568–1639): Dominikanermönch und Philosoph; sein berühmtestes Werk ist der *Sonnenstaat*.

S. 64 Gattamelata: italienischer Condottiere. Donatello schuf das Reiterstandbild vor dem Dom in Padua.

S. 75 della Verdura: »von Gemüse«.

S. 82 Äneis: Jetzo entstieg dem krummen Gestad ein unendliches Jammern: / All' umarmen einander, und weilen die Nacht und den Tag durch (zitiert nach Johann Heinrich Voß).

S. 87 Tasso: Inmitten dieser schattenspendenden Pflanzen / Wurde der große Vergil geboren.

S. 90 hic viridis…: Hier umwebt weitgrünend mit zartem Rohre die Ufer / Mincius (zitiert nach Johann Heinrich Voß).

S. 93 hinc exaudiri…: zitiert nach Rudolf Alexander Schröder.

S. 93 Annibal Caro (1507–1566): Übersetzer der *Äneis*, Epistolograph.

Sí ch'a nitida fiamma…: So daß es zu heller Glut, ungetrübtem Luftzug, reinem ätherischen Sinn werde.

S. 94 *Mantua*: So lautet auch die lateinische Bezeichnung für die auf italienisch »Mantova« genannte Stadt.

S. 95 Jacques Paul Migne (1800–1875): französischer Geistlicher, verlegte eine Gesamtausgabe der Kirchenväter.

S. 96 Giuseppe Giacosa (1847–1906), Paolo Ferrari (1822–1889), Roberto Bracco (1862–1943): Theaterautoren.

Scapigliatura: Gruppe lombardischer und piemontesischer Künstler und Literaten, die in der zweiten Hälfte des 19. Jhs. eine antiromantische, antibürgerliche Bewegung ins Leben riefen.

S. 97 Dino Campana (1885–1932): Lyriker. Sein Hauptwerk sind die *Canti orfici* (1914).

S. 100 Bisagno: Wildbach, der bei Genua ins Mittelmeer mündet.

S. 102 Povero Fornaretto: Titel eines Romans aus dem 18. Jh., der im Venedig der Renaissance spielt.

S. 111 Franco Basaglia (1924–1980): revolutionierte die Psychiatrie in Italien durch Öffnung der Irrenhäuser und den Versuch der sozialtherapeutischen Wiedereingliederung der Kranken in die Gesellschaft.

S. 134 Ninetta und Pepp: Figuren aus einem Gedicht des Mailänder Dichters Carlo Porta (1775–1821).

S. 140 Carlo Bo: zeitgenössischer Literaturkritiker, der in mehr als zwanzig verschiedenen Jurys für Literaturpreise sitzt.

S. 146 Bixio: Komponist, der von ca. 1920–1940 die Musik für viele auch heute noch populäre Lieder schrieb.

S. 147 *Zibaldone*: tagebuchartige Aufzeichnungen Giacomo Leopardis.

S. 152 Egidio Forcellini (1688–1768): Lexikograph. Sein Hauptwerk ist das *Totius latinitatis lexicon* (1771).

S. 161 Isotta-Fraschini: Automarke, war besonders in den zwanziger Jahren für ihre Luxuskarossen bekannt.

S. 164 EUR: Esposizione universale Romana.

S. 166 ENI (Ente nazionale idrocarburi): staatliches Unternehmen im Bereich der chemischen und nuklearen Industrie.

S. 167 Guerrini, Romana, La Padula: Architekten der faschistischen Ära.

S. 168 Aut. Op. (Autonomia Operaia): Wichtige Gruppierung der neuen Linken in Italien, deren Begründer und Mitglied Antonio Negri war, ein Philosophieprofessor, der im Zusammenhang mit den Prozessen gegen die Roten Brigaden verurteilt wurde.

S. 175 DNA: auch die italienische Abkürzung für Desoxyribonukleinsäure = DNS.

Inhalt

Meine italienische Reise
5

Albergo Italia
85

Anmerkungen
der Übersetzerinnen